JN262399

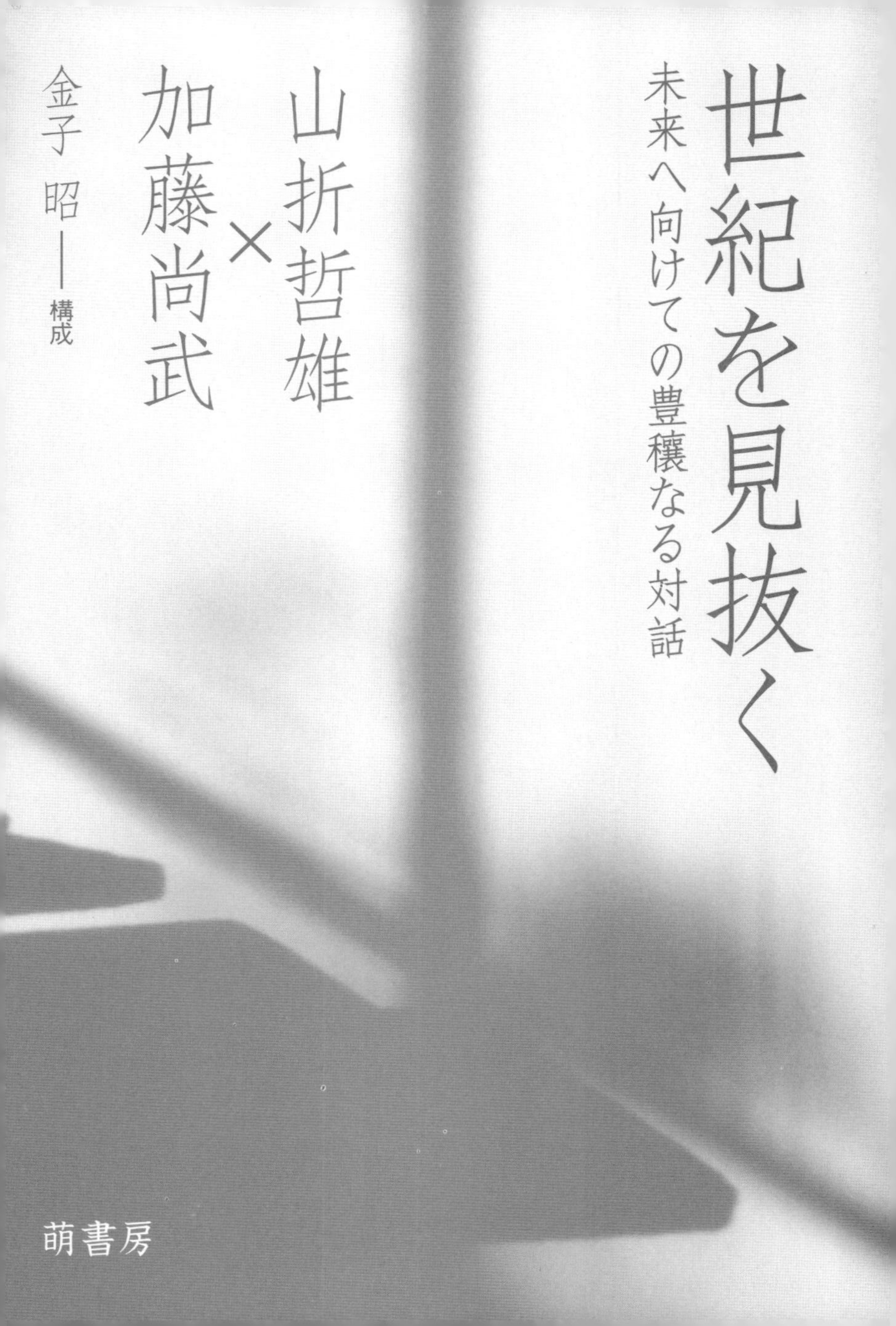

世紀を見抜く

未来へ向けての豊穣なる対話

山折哲雄×加藤尚武

金子昭――構成

萌書房

まえがき

本書は、一九九九年（平成十一年）十一月七日、京都の大谷ホールにて開催された、山折哲雄氏と加藤尚武氏による「公開対談　二十一世紀の哲学と宗教――未来へ向けての豊穣なる対話――」を起こしたものを中心として、これに私が両氏の著作案内と解説をつけて編集された。

次なる千年紀を迎えようとするこの転換期の時代、わが国の宗教学界および哲学・倫理学界における第一人者のお二人に、この時代の何が根本的に問題になっているのか、それはどうしたら解決することができるのか、またそのための判断や価値の基準は何なのか、こうした事柄を聴衆の前で対話しながら本音で語っていただくのが、この「公開対談」の狙いであった。

それは、見事に果たされたように思う。詳細は、じっさいに本書の内容をお読みいただくこととして、私は、この希有な「公開対談」の試みを企画・実現するにあたり、お二人の豊かな知の蓄積や研鑽のひとつの総決算としてこの「公開対談」があることを名実ともに示したいと考えた。それぞれの基調講演から三部にわたる対談、そして質疑応答まで四時間近くの長丁場であったが、当然そこで扱いきれないテーマもあり、また議論から派生してくる事柄やそれに関連したお二人の著作等の内容についても、「公開対談」を本にする際には盛り込みたかった。

今回、そうしたものは適宜「インタビュー」として折り込んだり、あるいは「脚注」を充実させたり、またさらなる読書案内として、巻末に「主要著作データベース」を導入するというかたちで行った。

「公開対談」では、会場の参加者の皆さんから貴重なご質問・ご感想を沢山いただいた（質問は三六人、感想は三人）。当日の質疑応答の部で紹介しきれなかった分についても、すべて山折・加藤両先生に読んでいただき、また編集側でも丁寧に読んで、本作りの際に参考にさせていただいた。紙幅の都合で、これらをすべて盛り込むことはできなかっことは、申し訳なく思う次第である。

企画の段階から実際の公開対談、そして編集・出版の過程において多くの方々のお世話になった。山折先生、加藤先生はもとより、主催の醍醐書房社主の原田平作先生、アシスタントを務めてくださった原田先生のご令嬢未央子さん、また編集部の工藤陽子さん、そして当日の公開対談で後援をいただいた朝日新聞・大阪本社文化企画局の白鳥正夫氏、大谷ホールの担当の方々には、心から御礼申し上げたい。

なお、萌書房編集部の白石徳浩氏は、もともと醍醐書房におられたが、本書刊行を目前にして、新たに萌書房を設立されることとなった。もとより本書は、対談の企画から編集まで、彼と二人三脚でやってきたので、彼の独立は喜ばしいことであるものの、内心残念な気持ちであった。しかしながら、結果的には原田先生のご厚情により、本書は萌書房より刊行される運びとなり、白石氏にとっては新会社の船出に際して、最高の「はなむけ」になったのではなかろうか。

二〇〇〇年十月十日

金 子 昭

目次

世紀を見抜く

――未来へ向けての豊穣なる対話――

基調講演

歴史に見る宗教と平和——激動期の宗教の可能性

山折　哲雄

現代は第二の応仁の乱の時代

　二十一世紀には、宗教も哲学ももう消滅してしまっているかもしれない、——しかし、そう言ってしまえばはや一巻の終わりですね。だが、よくよく考えてみれば、そうもいかないようであります。本日はその哲学と宗教という二つのものが、これからもやはり存続するだろう、ということを前提にお話をしてみたいと思います。

　私は最近よく言ったり、書いたりしているのですけれども、現代の日本および世界の諸状況は、ひょっとすると第二の応仁の乱★1の時期に入っているかもしれない、そういうことを多少比喩的な意味も込めて申し上げておりま

★1　一四六七年（応仁元）から一四七七年（文明九）まで、京都を中心に全国の武将が東西に別れて抗争した戦乱。足利将軍家の相続問題が引き金となって、細川勝元と山名宗全とが対立したことから始まった。戦乱の巷となった京都の町はその大半を焼失、やがて戦国時代に移行する。

す。これまでよく言われてきたことですが、明治維新期における第一の開国期、第二次世界大戦の終わったときの第二の開国期に対して、現在の状況はそれに対応するような第三の開国期だというわけですが、しかし本当のことを言うとそんな生易しいものではないのではないか。それと言うのも政治・経済や社会・文化そして宗教など、あらゆる分野において根本的な変革、地殻変動が起こりつつあるのではないか、という印象を非常に強く持っているからであります。そしてそのような大変動に匹敵しうるような日本の歴史上の画期と申しますと、それは応仁の乱くらいしかないのではないかと思っているからです。

このことにつきまして、私がヒントを得た二人の思想家の意見があります。一人は歴史家の内藤湖南です。★2 内藤湖南はすでに昭和十八年（一九四三）の段階で、日本の歴史は応仁の乱を画期としてその前後二つの時期に分かれる、ということを非常に明晰な論理で論じております。古代・中世・近世・近代などという時代区分はナンセンスである。なぜならば、我々が生きてる近代の日本および日本の国土や国家のことを理解するためには、応仁の乱以降の歴史を理解するだけで十分だからだ。そのときになって政治や経済のあり方が根本的に変化し、価値観が崩壊し新しいものが生まれたからであ

★2　ないとう・こなん　一八六六年（慶応二）—一九三四年（昭和九）。東洋史学者で、とくにシナ学に貢献した。新聞記者を経て、京都大学教授となる。『内藤湖南全集』全一四巻（筑摩書房）がある。

る、——こういうことを言っておりますね。私はこの内藤湖南の意見に非常に大きな示唆を受けました。日本の歴史というものに対するきわめて重要な見方ではないかと思うんですね。

もう一人が柳田国男[★3]であります。柳田国男は現代日本人の生活様式のすべては応仁の乱を経て作りだされたものである、こういうことを言っております。つまり、日本人のライフスタイルのすべてが応仁の乱によって新しく生まれ変わったんだということを言っているんです。奇しくも、民俗学者の柳田国男の民俗学的認識と歴史学者の内藤湖南の歴史的認識が一致したわけでありまして、これはこれからの日本というものを考える場合に、欠かすことのできないメルクマール（指標）になる視点ではないかと実は思っているわけであります。

今日、実に大変な地殻変動が日本の社会を襲っております。それをどう考えるかについて、第二の応仁の乱だと考えますと、今やその変革が始まったばかりである、そのとば口に我々はいるだけではないか。この先まだ二〇年続くのか、三〇年続くのか、いや五〇年も続くかもしれない。とすれば、今からそんなに騒いでも仕方がないのではないか、むしろそのことを覚悟するほかないではないか。そう考えた方がよいのかもしれない。しかし一方で私

★3　やなぎだ・くにお　一八七五年（明治八）—一九六二年（昭和三十七）。民俗学者。民間にあってわが国民俗学に大きく寄与。『定本柳田国男集』本編三一巻、別巻五巻（筑摩書房）。

柳田国男

の胸の内には、「いや第二の応仁の乱は早く収束させなければならない。あんまり長続きさせてはいけないのではないか。そのためにどうしたらいいのか」、こういう問題意識も同時に湧き起こってまいります。

さて、それではそのことをどう考え、どうしたらいいのかという問題が次に出てくるわけですが、本日はそのことについて最近考えていることの若干の問題点を申し上げてみたいと思っております。

平和の時代——宗教と政治の蜜月？

さて、二十一世紀ははたして我々の期待どおりに進行していくのかどうか、二十一世紀の哲学と宗教が意味のある存在になっていくのかどうか、これはやはり分からないというほかありません。

戦後まもなくのことだったと思いますけれども、イギリスの歴史家のトインビー氏[★4]が日本においでになりました。その時、当時京都大学の人文科学研究所の教授をしておられた東洋史の貝塚茂樹氏[★5]とある雑誌で対談をされていて、その中でお二人がたまたま明治維新の問題に触れていました。それが、一体なぜ明治維新はほとんど血を流すことのない、静かな革命たりえたのか、そういう議論になっていった。もちろん明治維新においても、戊辰《ぼしん》戦争[★6]

★4 Arnold Joseph Toynbee（1899—1975）イギリスの歴史学者。ロンドン大学教授の傍ら、王立国際問題研究所研究部長、外務省調査部長をつとめた。日本には三回来訪（一九二九、五六、六七年）。主著『歴史の研究』は全一二巻で、約六分の一に縮小した縮刷版がある。この縮刷版は日本語訳で全三巻。

★5 かいづか・しげき　一九〇四年（明治三十七）—一九八七年（昭和六十二）。中国古代史学者で、甲骨文字や金文などの研究の第一人者であった。京都大学教授、同大学人文科学研究所長を務めた。『中国古代史学の発展』『中国古代史のこころ』『孔子』などの著書がある。

★6 一八六八年（戊辰の年、この年の九月に改元されて明治元年となる）に、官軍と旧幕府軍との間で行われた戦争の総称。鳥羽・伏見の戦いから始まり上野の彰義隊の戦い、会津城の攻防戦、箱館の戦いで幕を閉じる。

から始まって西南戦争★7まで多くの人々の血が流れているわけでありますけれども、しかしともかくも天皇の首は飛ばなかった。それどころか江戸城の無血開城ということになって、権力が平和裡に移行したんですね。ロシア革命とかフランス革命に比べたら、それはたしかに無血革命と言ってもいいのではないか。そういった話だったと思いますけれども、とすれば、なぜわが国の明治維新は無血革命たりえたのかという疑問が生ずるわけです。これについてお二人がお話をしていたんです。

トインビー氏はそれに対して「これはひょっとすると、仏教の影響かもしれない」、と言った。それに対して貝塚氏は、「いや儒教の影響かもしれない」。つまりそこで、仏教と儒教というイデオロギー上の評価の対立点が浮かび上がってきたんですね。そのとき正直言って天下の歴史家たちも存外、単純なことを言っているなあと思いながら、私はそれを読んでおりました。仏教だ、儒教だというなら、神道という要素も入れなければいけないだろう、そう思ったのですけれども、議論はその程度のことで終わってしまったようであります。

当時、日本の歴史学界や思想史学界では、明治維新はブルジョア革命だったのか、あるいは絶対主義革命であったのかといったような抽象的な議論が

★7 一八七七年（明治十）、明治維新政府に対して征韓論で破れ、鹿児島に帰郷した西郷隆盛の弟子たちが中心になって起こした。政府軍の攻略により、西郷軍は敗北、西郷自身も自刃し果てた。

トインビー

たたかわされておりました。しかし、それがその後の現実の日本人の生活にどういう影響を及ぼしたのか、というような観点からの議論は必ずしも行われていなかった。

なぜ明治維新は平和革命たりえたのか、この問題ですね。そのあと、そのことについてあれこれ考えるようになったのですが、これはひょっとすると、国家と宗教、あるいは政治と宗教の関係が非常に良かったからではないか、その両者の相性がきわめて良好だった、そのためではないかというように私は思うに至ったのです。

なぜそういう仮説を持つに至ったかと申しますと、これが日本の歴史に関係がある。日本国家の歴史と切っても切れない関係があるんですね。ちょっとお考えいただきたいのですけれども、まず平安時代は実に三五〇年間平和な時代が続いているんです。桓武天皇（七三七—八〇六）による平安遷都★8から後白河法皇（一一二七—一一九二）の保元・平治の乱★9に至るまで、それがだいたい三五〇年。この間、政権に基本的な変動は起こらなかった、まことに平和な時代が続いた三五〇年でした。それからもう一つが江戸時代の二五〇年、——江戸開幕の時期から明治維新まで二五〇年です。これも平和な時代だった。平安時代の三五〇年、江戸時代の二五〇年、この二つの長期にわた

★8　七九四年（延暦十三）、桓武天皇は長岡京から都を今の京都（平安京）に移した。三五〇年間、安定政権が続いた。

★9　保元の乱は、一一五六年（保元元）、後白河天皇の時代に起こる。皇室内部では崇徳上皇と天皇とが対立、また藤原摂関家内部では頼長・忠通の対立が激化。上皇・頼長側は源為義、

る平和な時代は一体どうして可能だったのか。ところがまことに不思議なことに、この平和の時代の研究が驚くほど少ないんですね。なぜそうした平和が可能だったのかという、そういう問題意識がこれまたわが国の歴史学界、思想史学界、仏教史学界はもちろんでありますけれども、ほとんど提出されることがなかった。

こんなことは、例えばヨーロッパの歴史には存在しないんですね。アジアの歴史においてももちろん存在しない。ほとんど日本だけのことだったと言ってもよい。そこで私は考えた。平安時代の三五〇年、江戸時代の二五〇年、この平和を実現した政治・経済体制というもの、そしてまた、文化のあり方というものが陰に陽にはたらいて、そのためひょっとすると明治維新の「無血革命」が準備されたのではないか、そうした歴史的な背景を想定することができないであろうか、と。もしもそうであるとすれば、こんどはそれではなぜ三五〇年と二五〇年の平和の時代が可能であったのか、新しい疑問が出てきます。そうはならないでしょうか。

とはいっても、そのことについて議論することに私はあまり自信がない。ほとんど自信はないんでありますけれども、しかしあえて言えば、今のべたように政治と宗教の相性が良かったからではないか、そう思うほかないので

天皇・忠通側は平清盛・源義朝の軍を主力として戦う。天皇・忠通側が勝利を収め、上皇は讃岐に流された。

平治の乱は、一一五九年（平治元）、二条天皇の時代に起こる。藤原摂関家内部の争いに加えて、源義朝と平清盛の抗争が原因となり、藤原信頼と源義朝とが京都で謀叛。しかし両者は敗退し、以後、平氏の天下となる。

この二つの戦乱を契機に武士の進出が強まった。

はないかと思っているわけであります。というのもこんなに政治と宗教の相性が良かった時代はヨーロッパのそれぞれの歴史において、どこにも見出すことはできないからなんですね。インドにおいても中国においても、もちろん見出すことができない。

平安時代——文化装置としての怨霊信仰

それで次の問題に入ります。つまり、政治と宗教の相性の良さということです。その両者の間に、ある種の均衡の取れたパートナーシップが可能であったということで、その原因は一体何かということに、問題は移るわけです。これもいろんな要素が絡み合っていて単純には要約することができないわけであります。けれども、今日のところは細かいところは省略して、大筋のところ、骨組みとして考えていることを仮説的に申し上げてみたいと思います。

まず、平安時代について申しますと、あの三五〇年にわたる平和な時代を可能にした宗教・政治関係といったものを考えた場合、それを特色付けるものの一つに「祟り信仰」といいますか、「怨霊信仰」というものが大きな役割を果たしていた。これはあの時代のどの文献を読んでもすぐ出てくるキーコンセプトだと思うのですけれども、政治的な動乱、社会的な不安、あるいは流行病の発生、個人の生命に関わる危機的な状況、そういうことが起こったとき、当時の人々はその要因を「祟り」だと考えたという問題であります。その場合、祟る当のものは、特定の人間の怨念を含んだ霊魂、怨霊であったり、あるいは物の怪であったり、神々の霊でした。それらの目に見えないものの力によって不幸な現象、不吉な現象がこの地上に発生する、そういう信仰というか診断のパターンが出来上がっていたと言っていいでしょう。

その代表的な事件として、十世紀の醍醐天皇（八八五—九三〇）の時代に発生した菅原道真★10の事件を思い出していただきたい。このときの事件がはらむ問題というのは、ほとんど日本の政治史を貫いて陰に陽に現れてくると私は思っているのですけれども、その基本に政治的に非業の死を遂げた人間の霊はあとに残された人間に対して祟りをなすという考え方が横たわっています。道真は太宰府に流されてそこで憤死いたしますが、その道真の怨霊がやがて王朝政権の頭上を襲って、復讐をとげる。彼を流した張本人、政治的なリーダーだった藤原時平（八七一—九〇九）を殺し、醍醐天皇を病にかからせ、やがて死に至らしめる。政治変革につながるような、異常な事件のすべてを菅原道真の怨霊に帰してしまう。このような怨霊信仰に基づく事件とし

★10　すがわらの・みちざね　八四五年（承和十二）—九〇三年（延喜三）。平安前期の文人・政治家。宇多天皇・醍醐天皇に仕える。遣唐使の廃止を建議し、また書を良くしたことは有名。藤原時平の讒言（ざんげん）により太宰府に左遷され、そこで死去。しかしその怨霊がおそれられ、やがて清涼殿への落雷事件を契機に天神として祭られるようになる（北野天満宮）。後には学問の神様としても知られるようになった。

ては、すでに桓武天皇の場合があります。すなわち天皇が平安京に遷都し、その過程で多くの政治的な対立者、ライバルを排除していった。その桓武天皇は、『続日本紀』（七九七年）を読むと分かりますが、その政治的なライバルだった者の怨霊に祟られて、それで苦しみ死にをしております。

それからもう一つよく知られた事件として、平将門★11の反乱があります。端的に言って、将門の怨霊は日本全国に将門神社を作らせました。彼もまた政治的な意味で非業の死を遂げた人間ですが、その霊が祟ってそのために社会的な不安・動乱が起こり、流行病が発生したりした。まずそういう噂が流される。そのような流言飛語がおそらく組織的につくられ流された。それを裏で操っていたのが、ときの権力をひそかに脅かそうとしていた対立する政治勢力であります。今日でも、東京にまいりますと皇居の前に「将門の首塚」というのが祀られてあります。そこはいつ行っても香華が絶えない。ところが面白いことに、以前そこは大蔵省のあったところであります。明治時代、その場所は大蔵省の敷地だった。近代国家の大蔵省の敷地の中に「将門の首塚」なんていう前近代的なものがあるのはおかしいと、官僚がこれを何度か撤去する試みをしたのですが、その度に奇怪な事件が起こった。ついに撤去しきれなかったというのです。その後、大蔵省はご承知のように霞ヶ関に遁

★11 たいらの・まさかど 生年不詳—九四〇年（天慶三）。平安中期の武将。平将門の事件とは、ふつう平将門の乱と言われる。京都で出世の望みを絶たれた将門は憤慨して関東に下り、九三九年（天慶二）偽宮を下総国猿島に建て、自らを新皇と称したが、平貞盛・藤原秀郷に討たれて滅びた戦乱を指す。

【インタビュー】

世界の各地で宗教が紛争の火種になっていることについて、どう思われますか？

●山折哲雄

二十一世紀はますます、宗教と民族が世界の各地における紛争の火種になっていくでしょう。そもそも「近代的」な世界認識というのは、社会が近代化すればするほど「宗教」と「民族」の要因はしだいに制御され克服されていくという考えに基づいていました。その我々の近代的な観念が今復讐を受けつつあるのです。「近代」の崩壊なんていう生易しい段階ではないのです。

●加藤尚武

ユーゴスラビアでもパレスチナでも、異なる宗教が接触するところで戦火が起こると、戦争は永続し、平和はなくなります。ドイツの神学者のハンス・キュンク先生は、「宗教間の平和なくして、国家間の平和はない」と言います。これは根本的な間違いです。「宗教間の平和がたとえ存在しなくても、国家間の平和は可能である」と言うべきです。「宗教間の平和」が達成されるには一〇〇〇年では不足です。平和の構築は、すべての人が宗教の枠の外に出て、宗教性のない社会のルールを共有するところから始まります。パレスチナにおいて、イスラム教徒の経営する繊維工場で、ユダヤ教徒が楽しく働くことができるとしたら、それは二つの宗教の間に共通の倫理が存在するからではありません。どちらも宗教の色彩のない社会的なルールを持つことができるからです。

走するわけであります。もっともこういうことは日本列島の各地に見られるんですね。

もう一つ付け加えますと、同じような現象が『源氏物語』[★12]の世界にも出てきます。あの『源氏物語』というのは「もののあはれ」の世界が描かれていると同時に「物の怪」が跳梁跋扈《ちょうりょうばっこ》する世界でもあるんですね。光源氏の最初の正妻の葵の上は、彼のかつての恋人であった六条御息所の生き霊に取り憑かれて、結局は殺される運命にある。二番目の妻にした紫の上もまたその六条御息所の死霊に取り憑かれて病にかかり、やがて死ぬ。『源氏物語』の世界というのはまさにそのような怨霊たちによってふりまわされる世界であり、物の怪たちがわがもの顔にふるまっている世界なんですね。これまで本居宣長[★13]の「もののあはれ」論というのがあって、それが『源氏物語』を読む場合に、一つの方向舵のような作用を果たしていて、それで今言ったような「物の怪」の要素を背後におしやっていたようなところがあるんですね。しかし時代の動きとか特徴というのを捉えようとすると、むしろこの「物の怪」の現象の方が重要なんだと私なんかは思っている。

その物の怪信仰は、先ほど申しました政治社会的な文脈における怨霊信仰の一つのヴァリエーションなんですね。ただそういう状況の中で、怨霊化し

★12　宮廷生活を舞台に描かれた長編恋愛物語で、紫式部により平安中期に成立。五十四帖から成り、光源氏の華やかな生涯を描いた前半部分はとくに有名である。

★13　もとおり・のりなが　一七三〇年（享保十五）—一八〇一年（享和元）。江戸中期の国学者。賀茂真淵に入門して古道を研究し、自らも儒教・仏教を排して日本古来の道に帰ることを主張した。三五年をかけて『古事記伝』を完成し、その他『うひ山ぶみ』などを著した。

った霊、物の怪化した霊というものを祀り上げることが重要な政治的課題になっていました。つまり祀り上げて、神として神社に祀る、――そういうシステムというか人間の怨念を回収する文化装置として、例えば道真の場合にはあの北野天満宮（京都市上京区）が作られたわけです。将門の場合には日本全国に将門神社が作られる。東京の神田明神がその代表的なものです。

一方に、地上におけるさまざまな不吉で不幸な諸現象というものがある。その異常な諸現象に対していわば診断学的に物の怪、怨霊を特定し、今度はその物の怪、怨霊を神として祀ることによって精神の不安を解消し、社会に秩序をもたらそうとした。こういうメカニズムは、祟りと鎮魂のメカニズムと言っていいかもしれません。そのことによって、政治的に非業の死を遂げた人間の存在を回路として、その後に新しい政治的情況を作り、次の支配者が登場してきて政権を担う。こういう構造というか、関係になっていたんですね。その祟りと鎮魂のメカニズムというところが、私が先ほど申しました国家と宗教、社会と宗教の相性の良さのいわばポイントをなしていた、日本型パートナーシップの要所だったのではないかと思っているわけでありますす。

ニーチェが[★14]『道徳の系譜』[★15]の中で言っておりますが、西欧の社会における

★14 Friedrich Wilhelm Nietzsche（1844―1900）十九世紀末のドイツの哲学者で、生の哲学者・実存哲学者として知られているが、今日ではポストモダンの思想にも強い影響を与えている。邦訳では『ニーチェ全集』（理想社）全一六巻がある。

★15 ニーチェの著作で、一八八七年に書かれた。キリスト教や民主主義の道徳を「奴隷道徳」と見なし、その根底には弱者のルサンチマン（怨恨）があるとした。ニーチェは、それに強者の自己肯定的な「貴族道徳」を対比させた。この「貴族道徳」の人は『ツァラトゥストラはこう語った』で述べられる超人思想につながるものである。

政治変革、例えばフランス革命というのは、弱き者が強き者に対して持つルサンチマンに発するものであると。それは、単に反感と言ってもいいのですが、やまと言葉で言えばまさに祟り、怨念であります。力なき者が力ある者に対して持つルサンチマン、貧乏な人間の金持ちに対するルサンチマン、そういう怨念がいわば社会化して一つの暴力装置と化す。この社会化の特徴というものをニーチェは非常に重く見ているわけです。それが革命を起こすというわけです。

ところでそのニーチェの言葉を借りて私なりに日本の歴史や政治の世界を分析してみるとどうなるか。わが国の平安時代においてはとくに、先ほど申しましたように祟りと鎮魂のメカニズムが常に重要な役割を果たしていたのであって、そのためいろんな分野の人間や階層によって抱かれた怨念や反感は、一つの力へと結集したり社会化したりする以前にあらかじめ摘み取られてしまう。社会化する芽を摘み取ってしまう。そういう文化装置としてこのメカニズムが大きな役割を果たした。これはこれですごい文化伝統ではないかと思うのであります。明治維新が暴力革命化しなかった、少なくとも一つの重要な原因ではないかと、私が考えるゆえんであります。

ニーチェ

江戸時代——平和装置としての神仏信仰

次に江戸時代の問題に移りたいと思います。実は、平安時代のこの祟りと鎮魂のメカニズムの問題は、もう一つ天皇制の問題とからめて議論しなければならない一面があるのですけれども、今日は時間の関係でこれは省略させていただきます。

江戸時代における二五〇年の平和はなぜ可能であったのか、同じような問題でありますが、その中身は平安時代の場合と違います。国家と宗教のパートナーシップのその性格には自ずから違いがある、近世的な特徴がそこに出てくる。それは何か。しばしば言われることですが、日本人の宗教の特徴は神仏信仰にあるということであります。神と仏を同時に信仰する、つまり神々の世界と仏たちの世界の共存の関係です。その神仏信仰というものが、いわば「国民宗教」というようなかたちで実現されたのが江戸時代だと思うのです。これは織田信長★16が比叡山を焼き討ちにし、キリシタンを禁圧し、そして一向一揆★17の民衆宗教運動を徹底的に弾圧した、そしてその後に、いわば江戸時代の幕藩体制下に新しいかたちの檀家制度というものが出来上がった。宗門改めということが行われて檀家制度が出来上がり、菩提寺と檀家の関係、そして本寺と末寺を軸とする本末関係というものが出来上がるわけで

★16　おだ・のぶなが　一五三四年（天文三）—一五八二年（天正十）。戦国時代の武将。一五七三年（天正元）、足利義昭を追って室町幕府を滅ぼし、畿内近国を直接支配下に置いた。しかし京都の本能寺にて腹心の明智光秀に襲われて自刃。

★17　室町時代末期に畿内や北陸などで起こった一向宗（浄土真宗）の門徒による一揆。大名の領国支配に対して立ち上がったが、最終的には織田信長により打ち破られた。

あります。そういう時代になって神と仏に対する伝統的な信仰がいわば国民各層に深く広く浸透していった。

具体的に申しますと、まず仏教は家の宗教として、葬式仏教を中心にして発展していった。家・墓・先祖、これが三つのキーワードであります。故人の死後の冥福を約束する家の宗教として仏教がすべての階層に受け入れられていった。これは大事なところなんです。しばしば近代史家たちはこれを葬式仏教として、宗教の堕落、仏教の堕落として解釈していましたけれども、それは大きな間違いであります。この制度が江戸時代の社会的な安定にいかに役立つものであったかという点を見落としているからであります。

天皇家におきましては江戸時代、その菩提寺は京都の泉涌寺におかれていました。十三世紀の四条天皇（一二三一―一二四二）以降、その天皇の亡骸は東山の泉涌寺（京都市東山区）の裏山に葬られてきている。現在行きますと、あの泉涌寺には代々の天皇のお位牌が祀られております。たしかに今日、天皇家における菩提寺信仰は衰退しております。けれども江戸時代においてはそれは生きていた。徳川将軍家においては、東京（江戸）の増上寺（東京都港区）が菩提寺でした。これも将軍家と増上寺の間は基本的に檀家と菩提寺の関係だったわけですね。

天皇家の場合と変わらず、大名、武士、町人、百姓、すべての階層にわたってこの檀家制度、先祖崇拝を中心とする檀家制度というものが行き渡っていた。士農工商というかたちで階層分化は行われておりましたけれども、しかし仏教を主軸とする家の宗教とその信念体系はその全階層をつらぬいて行き渡っていた。ということはほとんど国民全体に行き渡っていて、それが社会の秩序の維持に非常に大きな意味を持っていたということです。徳川時代の平和を考える場合、その安全弁としてのメカニズムを無視することはできない。しかしそういう観点はどうもわが国の戦後の歴史学ではあまり顧みられることがなかったのではないか。

もう一つ、神々に対する信仰はどうなったのか。神々に対する信仰とはすなわち神社信仰のことであります。これは共同体のお祭りの行事を指し、産《うぶ》土《すな》の神、★18鎮守の神が中心になって実現されていたわけですね。村落の秩序を維持したのは村落の中心に祀られている産土の神、これを中心としたお祭りを通してでした。共同体的な秩序、これを維持し続けたのはこの神々に対する信仰だったと思います。同じように先ほどの例、すなわち仏教の場合と関連して申しますと、皇室におきましては皇室と伊勢神宮の関係がそれに当たる。将軍家の問題として言えば、徳川家と日光東照宮ということになりま

★18 生まれた土地の守り神のこと。近世以後は、鎮守の神や氏神と同じ意味で用いられるようになった。

す。大名、武士、士農工商すべての階層にわたって、いわば共同体的な秩序の中心に存在し続けたものが、神々に対する信仰だった。

この神仏信仰というものがいわば江戸時代の国家の形成、社会秩序の形成に対してきわめて大きな意味を持ったのではないか。これは歴史学者であり、思想史家でもあります尾藤正英先生（一九二三—）のお説でありまして、尾藤さんによると江戸時代における神仏信仰というものはほとんど「国民宗教化」していたというんですね。私も誠にそのとおりだと思う。

今一度、歴史に学ぶこと

以上、平安時代における三五〇年の平和な時代、江戸時代における二五〇年の平和な時代、それが可能であったのはなぜか、というところから話を始めてみたわけです。それにはむろんいろいろな理由が考えられますけれども、しかしその中で最も重要な原因として、私は国家と宗教、社会と宗教のパートナーシップがうまくいったからだ、こう思うということを申しあげたんですね。ヨーロッパの歴史と比較してみれば、いかにそれが日本の際立った特色であるかということがよく分かるわけであります。ヨーロッパにおける宗教の歴史を眺めますと、政治と宗教は血で血を洗う争いを続けております。そのために社会は多大の犠牲を払っているんですね。

そういう点ではひょっとすると明治維新以降、日本が近代化に成功し、経済的な繁栄を謳歌することができたのは、宗教が政治に対してヨーロッパにおけるような強力な異議申し立てをしなかったからだということになるでしょう。プロテストをしなかったからであります。今日多くの識者は、日本の宗教が宗教としての本質を忘れてしまっているというかたちでこれを批判しますけれども、しかしそれはおかしいのではないか。むしろ明治以降の日本の宗教は、神道であれ仏教であれ、国家に対して政治に対して抵抗らしい抵抗をしなかった、しかしそのためにかえって近代化に成功したとも言えるからです。日本の宗教が宗教としてのエゴイズムを強く主張しなかったからこそ、今日の我々の経済的繁栄へとつながる道筋ができたのではないか。しかしむろん、そのことによって我々が失ったものも実に大きい。その失ったものを今どのようにしてこれから二十一世紀にかけて回復したらよいのか。これが今日、我々の緊急の問題になっているわけです。

私は先ほど申しましたけれども、二十一世紀にかけて日本の社会は第二の応仁の乱の時期を迎えることになるのではないか。そういう可能性もあるということを申し上げました。もっとも、その点は予断を許しません。けれども、もしかりに日本の社会がそういう方向に進むことを回避したければ、我々はもっと我々の歴史に学ばなければならない。平安時代の三五〇年、江戸時代の二五〇年がなぜ可能であったのか、その歴史的な教訓から学ばなければならない。なぜそれがかつて我々の社会において可能であったのか。平和な時代が可能であったのか。それを考える必要があるのではないかということを、本日は申し上げたわけであります。

最初は問題提起というぐらいのつもりで、これで私の話は終わらせていただきます。

――山折先生、どうもありがとうございました。

応仁の乱は、十五世紀後半、わが国戦国時代の幕開けともなった一〇年にもわたる大きな戦乱でした。この戦乱の中で、日本人のあらゆる文物や価値観がガラッと変わってしまった。そうした激変の時代が、今、「第二の応仁の乱」として、私たちを襲っているのではないか。そんなときだからこそ、かつて私たちの祖先が享受してきた平和の時代を再考しなくてはならない。山折先生は、そこに宗教が果たした重要な役割があったことを掘り起こされ、そのようにして「歴史に学ぶ」ということの意義をあらためて強くおっしゃいました。

今日二十一世紀を目前としまして、それでは平安時代において平和をもたらしたものとの類推で考えてみますと、現代における「物の怪」とは何なのか、怨霊とは誰のことか、もし魂を鎮魂させなければならないとするとそれは誰の魂なんだろうか。こういう疑問がわいてきました。それから江戸時代、神仏信仰が社会の一つの安定装置になったというお話でしたけれども、それでは今日それに代わる安定装置として宗教というものはどうなんだろうか、どういう役割を果たしうるのだろうか。こういう疑問がわいてまいりました。そういう話を取っ掛かりに、また後の公開対談につなげていただければと思っております。

【インタビュー】

二十世紀は、宗教や哲学（倫理学）にとってどのような時代だったのでしょうか？

●山折哲雄

宗教や哲学がニヒリズムの猛威に襲われていく時代だったと思います。その点で大きな影響を与えた人物がマルクスとニーチェとフロイトだったのではないでしょうか。彼らこそ「神殺し」の張本人、二十世紀に屹立する思想的な三大ピラミッドだったと思います。今日マルクスの影は薄くなりつつありますが、ニーチェとフロイトはなお力強く並走しているようです。そのためでもありましょうか、仏教やキリスト教やイスラム教のような「世界宗教」は、今日世界規模で発生している困難な環境問題、危機的な民族紛争に対し解決のための処方箋を書くことができなくなっているように思います。その点で「世界宗教」はそろそろ歴史的生命を終えつつあるのかもしれません。

●加藤尚武

二十世紀は哲学にとって無駄足の多い時代でした。それにも拘わらず、二十世紀でものの見方がすっかり変わったという事例はたくさんあります。第一に、人類の文化は無限に進歩しているという信念は、一九七〇年代の「成長の限界」でまったく違った展望になってしまいました。もはや地球生態系の外部はありません。開いた宇宙から閉じた地球へ、我々の空間は変わろうとしています。もはや無限の進歩はありません。

第二に、共産主義は資本主義の矛盾を克服する未来の社会体制だという見方が、一九八九年のゴルバチョフ政権による共産党解体ですっかり逆転することになりました。失業率の増大、貧富差の拡大、経済の国際化、社会福祉の衰退という先進国の状況からすれば、マルクスの予言の的中を裏書きする出来事にはことかかないのに、もはや理想の未来像はありません。

第三に、地域紛争には、興味深い特徴があります。それは民主主義的な多数決原理が紛争を引き起こす要因になっているということです。一つの国家の中で生活する人が、二つのグループに分かれたとき、多数決制度のもとでは多数派が有利で少数派が不利になります。しかし、ケネス・アローの「社会的厚生関数の一般可能性定理」（一九五四年）によれば、これこそが民主主義の最善の帰結だという投票方法は存在しません。もはや究極の民主主義はありません。

第四に、しかし、自然と生命の見方で生じた転換以上に大きな意味を持つものはありません。一九五三年にワトソンとクリックがDNAの構造として「二重らせん」を発表したことで、生物の中には、一般の元素とはちがう特別な「生気」が存在するのではないかという「生気説」への期待は最終的に打ち砕かれてしまいました。すべての生物は基本的に同じ元素の組み合わせでできているのです。生命技術の発展は当分の間天井知らずです。もはや生命という聖域はありません。

そして、宇宙そのものが歴史的なものとして見られるようになってきています。これはジョージ・ガモフが一九四六年ころから作り始めた理論で、後に「ビッグ・バン（Big Bang）理論」とニックネームがつけられました。

人間が自然に対して抱いていた思いは、次のように表現されます。

年々歳々　人　同じからず、歳々年々　花　相似たり

自然は永遠に同じ状態を反復し、人事には同じ事が二度めぐってくることはありません。自然は永遠であり、精神は歴史的です。自然は反復し、精神は発展します。――これが自然と歴史に関する最も基本的な観点でした。しかし、今は違います。宇宙が歴史的であり、地球が歴史的であり、地球の中の生命が歴史的なのです。

核技術は原子の同一性を破壊し、遺伝子操作は遺伝子の同一性を破壊し、地球温暖化は地球の熱平衡システム（ガイア）の同一性を破壊し、臓器移植は個体の細胞レベルでの同一性を破壊します。自然に内蔵された自己同一性の回復システムを破壊することで現代技術は成り立っています。もはや永遠の理法としての自然はありません。

未来世代への視点

加藤　尚武

人口の変動――考察のための補助線

山折先生が二十一世紀に応仁の乱が起こるのではないかという話をされましたので、二十一世紀の応仁の乱はどうやって起こるかということをお話をうかがいながら考えておりました。

その二十一世紀の予測材料として使われるのが人口の変動曲線です。一九九九年七月十八日にちょうど世界の人口が六〇億になりました。一九六〇年にはまだその半分だったわけですから、約四〇年間で二倍に世界の総人口が膨れ上がったわけです。わずか一人の人生の範囲内で二倍に膨れ上がるというのはすさまじいことです。しかし二十一世紀になるとさらにその二倍へと膨れ上がるかもしれない。世界の総人口は明治維新の前あたりから増え始めて、今は最も激しい勢いで増えつつあるところです。これもどこかでピークを迎えるだろう。ピークを迎えた後は現在の先進国タイプの人口変動になれば安定していくだろう、というのが大方の予測ですね。

日本ですと、一九九五年に一人がの女性が一生涯で生む赤ちゃんの数が一・四二人でした。一・四二人の赤ちゃんを産んだ人はだれもいないわけですけれども（笑）、平均すると一生涯の間に一・四二という数であったわけです。それが一九九七年に一・三九に変わりまして、これは厚生省のお役人もちょっと慌てたんですね。一・四二が最低のピークで少しまた上へ戻ってというふうになるのかと思ったら、一・三九になりました。そうして一・三九のペースで赤ちゃんを産んでまいりますと、日本の人口が今の半分になるのがあと五〇年先です。世界の人口は二倍になるかもしれないけれども、日本の人口はもしかすると半分になるという予測が立つわけであります。これは、日本の人口再生産率がそのままずっとあと五〇年間一・三九が続いていくと仮定してのことなんです。しかしいくらなんでも半分に減るということはないんで、おそらく一人当たりの赤ちゃんを産む数は増えたり減ったりジグザグを描いていくだろうと、私は思います。一気に半分に減ったら、これ

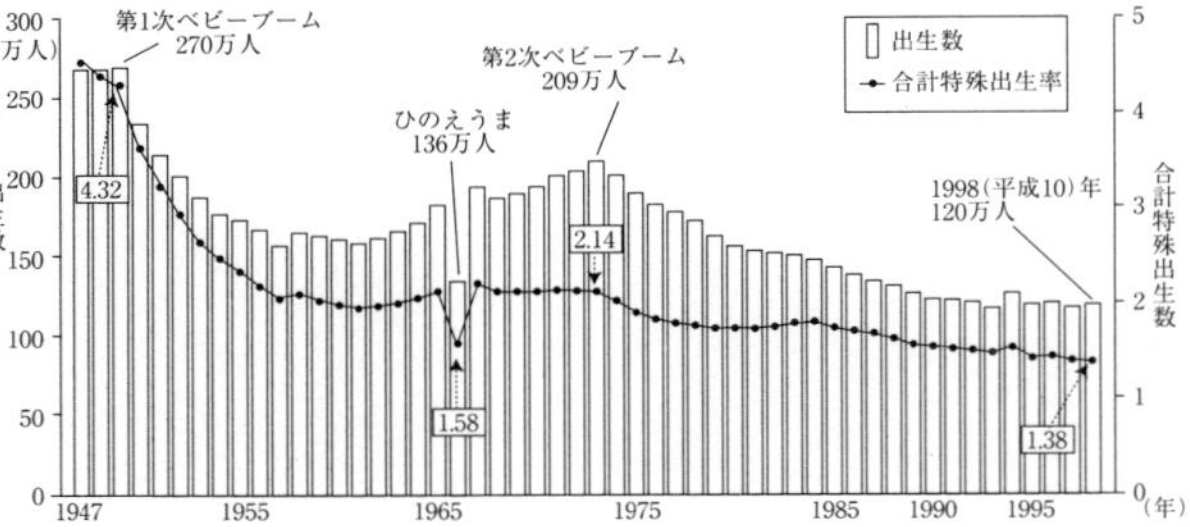

出生数および合計特殊出生率の推移（『厚生白書』一九九八年版ほか）

は大変なことです。

今ここに八〇〇人の座席に対して何百人かのお客様がおみえになっていますけれども、日本中どこへ行っても施設が半分以上ガラガラという時代になるわけですから、いらないものばかりゴロゴロしているということになるわけです。二十一世紀は、世界の人口の歴史でいうと人類史上最高のピークが来て、それが終わる。上がって下がるという時代になるだろうと思われます。

人口大変動期の文化から人口安定期の文化へ

世界の総人口を世界の全部の歴史で考えてみますと、東洋でも西洋でも人口が増え始めたのが十三世紀という説が多いわけです。世界人口は十三世紀頃から少しずつ増え始めた。少しずつ増えたけれども、何といっても近代化がものすごい勢いで進行し、そして大量生産の時代になるとわずか四〇年の間に人口が二倍になるという大きな変化が起こって、そして二十一世紀で最高のピークを迎えるわけです。あとどうなるかよく分からないのですが、先進国型であるとすると世界の総人口は安定化する。

世界のすべての歴史は、人口がかなり安定していた時代と、人口が増えて減るという変動時代と、人口が再び安定化する時代という三つの区分になります。もしかするとこの最初の人口の変動期が日本の場合、応仁の乱という時期にあたっていたのかもしれないわけですね。我々の今までのものの見方は、近代化に追いついていこうではないかという進歩主義でした。近代化という大変なことが西欧で起こったんだ、日本はまだ近代に立ち後れているんだ、なんとかしろと言って、ちょんまげを切ったり、廃仏《はいぶつ》棄釈《きしゃく》★1などいろんなことをやって、大慌てで近代化をした。長期的に見ると、それは人口安定期時代の文化を人口変動期の文化に切り替えたという意味をもっています。そしてこの次に来る文化の大変動は、この人口大変動時代の文化が再びまた人口安定期の文化に変わっていく。そういう予測を立てることができるんですが、その最後の人口安定期にどのレベルで逃げ込んでいくかは、大変重要な問題です。

今の人口が六〇億人で、これから八〇億人のレベルで安定期に向かっていくのか、また六〇億人くらいまで戻ってから安定期に向かっていくのか。それによって、二十一世紀以後の人類の文化は変わっていくだろうと思うのですが、しかし大まかな目安として安定期の文化があり、次に変動期の文化、そして再び安定期の文化というように、世界の全体の見通しを立てておくこ

★1　一八六八年（明治元）に神仏分離令が出され、国家神道の体制下で全国の寺院や仏像などが棄却あるいは廃棄された。天皇を中心として国民統合を図り、強力な近代国家を形成しようとした明治新政府の政策の一環として行われたものである。

とがまず可能ではないかと思います。

しかしその第二の安定期に入る前にひとつ山を越さなければならない。二十一世紀には人口の最大ピークを迎えるわけで、この人口の最大ピークに日本の応仁時代ではなくて、世界の応仁時代が来ないとも限らない。食糧学者のレスター・ブラウン[★2]は一九八四年以降、世界総人口に対する穀物の生産高は減少の一途をたどっているという不吉な傾向を割り出したので有名です。そして中国では必ず飢饉が起こるというので、私は中国に行ったときに聞いてみたら、「レスター・ブラウンさんのおかげで助かりましたよ」って食糧関係者が言って、「どういうこと?」って聞いたら、「食糧関係の予算が増えたんですよ」って喜んでました。中国の関係者はわりあいのんきな顔をしているんですね。

中国の人から見ると、日本のような農業の技術的先進国で食糧を増産しようと思ったならば、一反あたりの収穫量からすると目いっぱいのところまできてしまっているところですから、これをさらに増やせって言われたら大変だけれども、何しろ中国はおおざっぱですから、まだまだ改善の余地はいっぱいありますよと言って、食糧関係者はわりあい安心しておられました。しかし人口が二倍に増えたときどうなるかとなると、中国の人だって安心はし

★2 Lester R. Brown(1934―) 現在、ワールドウォッチ研究所所長。現代文明のあり方について、地球環境問題の視点から独自に分析。著書に『エコ経済革命』、『環境ビッグバンへの知的戦略』、『地球環境データブック二〇〇〇―二〇〇一』など。

ていられないと思うんです。

世界全体として、今の六〇億の人口がもしかすると一二〇億、これは最悪ケースというふうにいわれておりますけれども、うまくいけば八〇億くらいまで増えた場合にまず食べ物をどうするか、燃料をどうするかと、「食う寝るところに住むところ」の心配をしなければならないというのが二十一世紀の最大の問題であろうと思われます。

しかしその次に起こってくる問題があります。世界の総人口に合せて、たとえば一二〇億人の人が食べられるように耕したり、住めるように家を建てたりするわけですが、今度は、たとえば四〇億人減ると四〇億人分の廃棄物が出る。総人口のピークに見合った形での生産量の増大をしながらも、それが減った場合の廃棄物の先行きまで考えて、その最大ピークの需要をまかなわなければならない。ともかく人口が増えていきますから大量生産をしていかなければならない。そこで前後の見境もなく大量生産をした廃棄物の累積とか、資源の枯渇とか、生態系の不可逆的な劣化とかに目をつぶってきたというのが、二十世紀の大量生産のあり方であったわけですね。

大量生産の文化は大量廃棄の文化

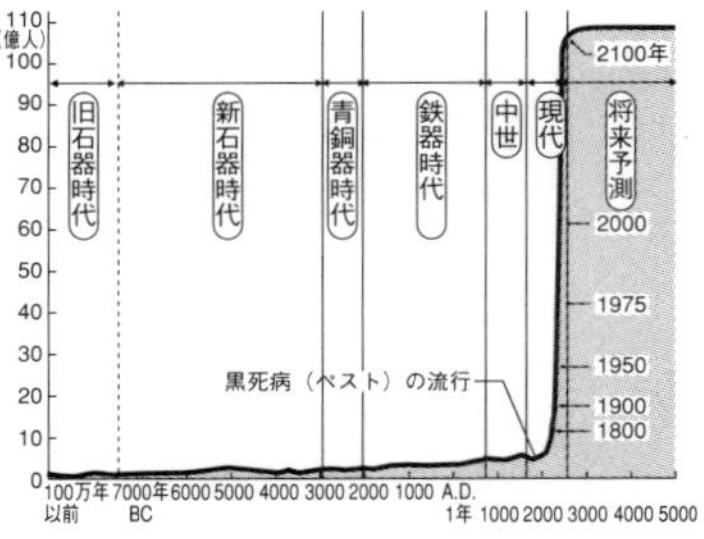

世界人口の歴史と将来予測
(Population Reference Bureau)

大量生産のチャンピオンといえば自動車を作ったフォード（一八六三―一九四七）です。フォードは本当に賢かった人なんですね。それまで自動車は一品生産でした。お金持ちから「こういう自動車を作ってくれ」、「是非とも背中は革張りにしてもらいたい」、「屋根に金縁の飾りを付けてもらいたい」という要望があると、「はい、かしこまりました」と言って職人さんがやすりで歯車を刻んで、一品生産ですごい高級な自動車を作る。そういう動向を尻目にかけてフォードはすべての人が乗れるような自動車を作ろうと考えたんですね。

まず、人手が足りなくなるわけです。それまでですと歯車を刻むこともできれば、車輪を削ることもできるという何でも屋の職人さんがいて自動車を作っていたのですが、フォードは大まかな線でいうと自動車を作る工程を八三〇〇工程に分けた。すごいですね。全部細かく分けてしまった。だから車輪のネジを回す人はネジ回し専門、タイヤのカバーを付ける人はカバー付け専門というふうにして、八三〇〇通りに分けてしまった。それまでですと、三〇キロとか四〇キロ、場合によっては五〇キロとか六〇キロのものを持たなければなりませんので、女の人はお断りということになっていましたし、熟練度が二年や三年では自動車をそもそも作れませんでした。しかしフォード方式ですと、最短の場合には二週間でその労働に習熟することができるという生産システムを作ったわけです。作った自動車を誰が買ったかというと、その労働者たちが買ったんです。

フォードは自動車の作り主と同時に買い主も作ってしまった、というような画期的な大量生産がなされました。これによって二十世紀の文化は大量生産の文化になりましたが、この大量生産の文化は、同時にまた大量廃棄物の文化ともなっていました。フォードだって、自動車を作ったときの廃棄物のことなんかぜんぜん心配していなかったわけですね。自動車を走らせれば、炭酸ガス（CO_2）という排気が出る。六〇億の人口が毎年六〇億トンの炭酸ガスを大気圏に棄てている。自動車そのものも廃棄物になる。ところが今は自動車の使い残りをどうしたらいいかということを解決しないと、もう自動車会社はやっていけないから、トヨタでは廃棄物にならないような自動車を工夫するとか、ガソリンがなくなっても電気で走れるようにするとか、いろいろなことを考えるようになってきたわけであります。

ともかく廃棄物を出さないようなかたちに工業技術そのものを作りなおしていく、つまりゼロエミッション化★3の時代に変わっていくというのが二十一世紀の大まかな見通しです。

★3 「エミッション」とは排出物という意味で、「ゼロエミッション」とは廃棄物を再資源私は日本人の今までの考え方は、どうも瞬間風速型だったのではないかと思うんです。「飛行機作るぞ」と言うと、イギリスの飛行機、アメリカの飛行機よりもっと速い飛行機、航続距離がもっと長い飛行機を作る。それで真珠湾で一発やってやろう、その一発で戦争に勝ってしまうんだという意気込みでトラ・トラ・トラ作戦をやってしまうのだから、ものすごい短期決戦型なのです。瞬間風速型ですね。もし真珠湾の戦いで相手が、それでへこたれて負けてくれなかったらどうするかってことは考えてない。神風型なんですね。

日本の文化は、どういう祟りのせいか知れませんけれども、瞬間風速型であったのではないか。そのかわり一気に国民世論を統合して何かを仕上げるとなると、かなり高いレベルでみんなが協力し合って一点集中で問題を解決していくという力があった。しかしこれからの社会を考えると、長生きの視点・長持ちの視点で物を見なければならないと思うんです。

瞬間風速型の日本人の精神性

日本の家は寿命が短いんです。一年間で資産台帳に記載された住宅の半数が、取り壊される年数が、アメリカで一〇〇年、日本四〇年です。資産台帳

化するなどして、工場の外部に一切出さないようにすること。完全循環型の生産システムとして、産業間の連携や地域社会の中でリサイクル過程を完結させるなど、さまざまな場面において、これが目指されている。

を元にして調べるので実感に近い数字です。すべての住宅が様変わりする年数（全住宅戸数を年間建設戸数で割った数字）が、イギリス一四一年、フランス八五年、ドイツ七九年、アメリカ一三〇年、日本三〇年です。これは年間のいわば瞬間風速の大きい時期で、長期の展望を割り出すかたちになるので、変化の指標が現実よりも速く出ます。ですから、日本人の生活には落ち着きがなく、諸行無常などという感想をもつのです。半分が変化するのに四〇年かかるという体質が全部変わるのに三〇年かかるという体質に転化しようとしていました。

例えば、私は環境倫理学者として、日本の建築学会に対して建築物の耐用年数の長期化の提案をいたしました。神戸で大災害が起こったときに日本中の平均の建築廃棄物で割ると、神戸の人一人について二九九年分の廃棄物が出たわけです。ところが日本では建築業が一番盛んな時には、鉄筋コンクリートの建物をなんと一四・八年で取り壊してしまうペースで、一〇〇年以上使える建物を造っては壊し、造っては壊しというふうにやってきているのです。

今でも計算するとだいたい三〇年ごとに鉄筋コンクリートの建築物を壊さないと建築業界がやっていけないというペースになっているので、そんなに

阪神大震災によってガレキの山と化した住宅

造っては壊し、造っては壊しという体質で日本文化を維持していった場合には、二十一世紀から先は日本人は生きられませんよ。もっと息の長い生活態度を作らなければ日本人は生きられません。少なくともヨーロッパ並みに鉄筋コンクリートだったならば最低一〇〇年、まあだいたい三〇〇年くらいは使うという設計構造で建築を考えなければいけない。そういう提案をいたしました。建築学会では、実は私一人が言ったのではなくて、いろいろな人が言ったのですけれども、ともかく建築耐用年数の長期化を学会全体の取り組みにしようというふうに考えているわけです。

しかし日本人の精神性から考えると、どうもこの長持ちするというのはあんまり向いていないのではないかという感じがするんです。ある時、東山で時雨庵《しぐれ》(高台寺)という国宝の茶室の下にたたずんでおりました。すごい風が吹いて、バラバラバラと重要文化財の建築物が私の手の上に落ちてまいりました。ああいう壊れやすい物をつくるのが日本人の得意技だったかと思うと、これはいい面もあるけれども悪い面もあるなあという感じがするわけです。

日本人の瞬間風速型はどういうところに現れてくるかと考えますと、例えば、ある仏教関係の学者(山折先生ではありません)が日本人の宗教観について宮本武蔵[★4]の『五輪書』[★5]には日本仏教の精神が表れていると書いておられる。山折先生からもいつかそういう話をうかがったんですが、山折先生は慎重な方で、「うん、しかしそれでもなあ、うんうん」とおっしゃった。なんかもうちょっと注文をつけたくて、そのままストレートに日本人の宗教性だとはおっしゃらなかった。

私は今日、山折先生に会う前に『五輪書』を読んでみた。驚きました。私は『五輪書』はもうちょっと立派な本だと思っていたんです。宮本武蔵という人は、一生涯の間に五五人くらい人を斬って殺したという話ですけれども、私がもし五五人斬ってあとで思い出話を書くとしたら、やっぱりいいか悪いかということについて、俺は本当に斬って良かったんだろうかということを書くんじゃないか、それが人間として自然じゃないかと思うんです。やむをえず斬ったとか、事情があって斬ったとか、いろんなことがあるかもしれないけれども、しかし五五人も人を斬った人はやっぱり良かったか悪かったかということについて触れて欲しかった。宮本武蔵はそれに一言も触れていない。驚きました。人を斬るとき、剣の極意は精神と肉体は完全に一体になった瞬間があるということだけを武蔵は語っている。これは一番短い瞬間の思想だと思います。

★4　みやもと・むさし　一五八四年（天正十二）—一六四五年（正保二）。江戸初期の剣豪。二天と号し、諸国を遍歴して二刀流の剣法を編み出した。巌流島で佐々木小次郎と決闘したのは、一六一二年（慶長十七）四月のこと。剣術の他に、書画、金工にもすぐれ、とくにその水墨画は秀逸である。

★5　宮本武蔵の著書で、彼の死の年である一六四五年（正保二）に著された。地水火風空（五輪）の各巻に分けて、兵法の極意を述べた。ただし仏教でいう五大五輪の思想とはとくに関連性はなく、武蔵独自の兵法観および二刀流の太刀筋の正当さを主張するものとなっている。

お題目だとか、南無阿弥陀仏だとかは相当長い間唱えたりいたします。ギリシア正教★6という東方のキリスト教徒の中ではキリスト教の聖句を何度も何度も唱えるという。何度も唱えるという意味では似たような宗教形態があるわけですけれども、それにしてもかなり長い。『五輪書』では、心身の統合が瞬間風速型でパッと成立するっていうんですね。

私がボクシングをやって分かったのは、剣の極意もボクシングも同じだということです。最後の瞬間は本当に心身一如という感じで一発でパッと決まってくる。

★6　東ローマ帝国の国教会として発展してきたキリスト教で、一〇五四年にローマ・カトリック教会と絶縁した。独自の儀式を重んじ、神秘主義的な傾向もある。ロシア正教（ハスリトス正教）もこの流れをくんでいる。

瞬間風速型の日本文化

私は宮本武蔵の絵が好きで、京都に残っているいくつかの絵を訪ねて歩いたこともあります。水鳥の絵が圧倒的に多い。宮本武蔵の水鳥の絵を見ていると、ああ、剣豪の絵だということがはっきり分かる。なぜかと言うと、あるとき分かりました。川上哲治（一九二〇—　）という野球の大先生が自分の打撃について書いている随筆が『日本経済新聞』に載っていました。多くの人は自分が野球の神様であると言って、どうしてあんな速い球を川上選手は打てるんでしょうかと聞かれるけれど、自分は動いてる球を打っているのではなくて、止まっている球を打っているんだと言うんですね。驚きましたね。川上哲治選手はものすごく速く飛んでくる球を、一瞬、眼力で止まったものとして見てしまう。眼力で止めてしまう。これはボールが止まるのではないんです。ボールは動いてます。それを止まって見るくらいの程度まで、動く物体に対して感覚を鍛えている。

私のやっているボクシングについて先ほどちょっと山折先生に聞かれたんですけれども、「加藤さんはノックアウトをくらったことはないのか」、「うん、ないよ」、「どうして」って。私はボクシングをやるときに相手には「俺はお前を殴っていいけども、お前は俺を殴ってはいけない」と、そういうルールでやったんですね（笑）。なにしろ五十六歳から始めたボクシングですから、お医者さん方がくも膜下出血が一番危険になる時期からボクシングを始めるのは馬鹿であると、そういうボクシングはやめなさいというのです。だから、私が学生に「俺はお前を殴るが、お前は俺を殴ってはいけない」って言うと、学生は「ああ、いいですよ」って言うんです。それで三分間やっても一発も当たらない。なぜかって言うと、学生に聞くと「先生が殴ろうとするとき、そういう顔をするじゃないですか」って言うんですね。私が殴るときが分かるんだ、って言うんですよ。それでパッとよけられてしまうんです。

それもやはり視力の鍛え方です。私はそんなに視力を鍛えることはできないけれども、スポーツではいずれも運動視力を鍛えていくわけでして、宮本武蔵の描いた水鳥の絵を見れば、これはまさにあの運動視力で鍛えた目で鳥の瞬間を捉えた絵なんだと分かります。あそこまで運動視力を鍛えることは単なる画家にはできない修業で、剣豪だからできた修業で、見た鳥の姿を絵に写したから、宮本武蔵の絵はそのほかの画家では到底できないほどの瞬間の素晴らしい姿を描いているんだと思うわけです。

瞬間風速型でない宗教意識?

しかしそれが仏教精神とつながると言われると、ちょっと困る。自分の死の受け止め方の中に宗教性があるというのが、宗教性についての一つの解釈です。例えばハイデガー[★7]の『存在と時間』[★8]というえらい難しい本があって、本当に難しいんではなくてわざと難しそうに書いた本だと私は思って、擬態性難解症と名前を付けているんです。その本を読むと、本当に死を受け止めるということの中に先駆的決意性が生まれてくる。その中に自己の生の全体性が出てくる。

★7 Martin Heidegger（1889—1976）現代ドイツの哲学者。フッサールの現象学を用いて独自の存在論哲学を探究した。存在と存在者とを区別する「存在論的差異」を唱え、存在がそこで問われている人間の現存在の解釈学を主張した。現在、ドイツと日本（創文社）でハイデガーの全集が刊行されつつある。

★8 一九二七年に書かれたハイデガーの主著。人間の現存在の解釈をつうじて存在そのものまで迫ろうとした著作。前半のみ書かれて、後半は思想の「転回」によりついに執筆されなかった。前半部分の論述内容から実存哲学と評されることになった。

こんな難しいことをどうやって説明しようかと思って考えていたんですけれども、(一九九九年)十一月三日に京都の国際会館で京都フォーラムの会議がありまして、そこでマックアダムスというアメリカの心理学者、エリク・エリクソン先生★9のお弟子さんが来てました。マックアダムスさんは、エリク・エリクソン先生のお考えに基づいて、人間が成熟する、つまりちゃんとしたまともな大人になるということはどういうことかということについての、アメリカ人の精神態度の研究を発表してくださったんです。一人一人の人が皆自分の人生の物語を持っていて、その物語を神様に聞いてもらうという気持ちがアメリカ人の精神態度の内にあると言うんです。自分が死ぬときも、神様という聞き手に自分の物語をすべて聞いてもらうという気持ちがあると言うんです。一人一人の人が、自分の伝記をいつも意識していて、その伝記を神様に聞いてもらおうという意識が大人の精神態度だというのです。これは瞬間風速型ではなくて、もっと長めの宗教意識です。日本人にそういった宗教意識がなかったかと言えば、私は多分あったんじゃないかと思うんです。

山折先生と私が東北大学に一緒にいた頃、楠木正弘先生がおられました。楠木正成《くすのきまさしげ》(一二九四―一三三六)のご子孫だそうです。その先生に私は日本人

ハイデガー

★9 Erik H. Erikson (1902―1979) アメリカの精神分析学者。ドイツ生まれでフロイトの弟子だが、一九三七年にアメリカに帰化。フロイトの性心理的発達を展開し、自我心理学の研究領域を発展させた。『児童と社会』(一九五〇年)で一躍有名になる。

【インタビュー】

オウム真理教事件以降、宗教ブームは終焉したと言われていますが、それにも拘らず宗教は人々の心を捕らえています。なぜなのでしょうか？

●山折哲雄

オウム真理教事件は、宗教ブームの一現象というよりは宗教の過激化の一例でした。宗教が存在し続ける限り、宗教の過激化もまた避けることはできません。その理由は、政治・経済・社会などの変化および思想の自律運動などが考えられ、一概には言えません。ちなみに人間が人間であり続ける限り、宗教とセックスの二機能は運命的に不可欠の条件として存続し続けると思います。

●加藤尚武

オウム事件以後、カルトを危険視するという健全な傾向が高まってきています。ますます人々の心は宗教から離れていきます。宗教と呼ばれるものの中に、偽りの救いを避けるという智恵が含まれているはずです。「世界が滅亡するという幻想を信じれば救われる」ということが、少なくとも心理的には事実であるとしたら、「それは真実の救いではない」と言い切る力が他の宗教にあるのか、どうか。今、そのような意味での虚偽からの浄化の力が、宗教自身にあるのかないのかが問われています。

がどういう死に方をしたか、そういうものを集めた本があったら教えてくださいと言いますと、楠木先生は「加藤さん、『往生伝』★10という本があるから読みなさい」と言って、『往生伝集成』（山川出版社）というご本を貸してくださって、それをずいぶん長いことかかって読みました。『日本往生極楽記』は慶慈保胤（慶の《よしの》保胤《やすたね》）によって十世紀にできた「往生伝」の日本でのさきがけですが、四二伝をおさめています。いちばん短い第四〇番を引用してみましょう。

「近江の国、坂田郡の女人、姓は〈おきながの〉氏なり。年ごとに筑摩の江の蓮花を採りて、弥陀の仏に供養したてまつり、ひとえに極楽を期せり。かくのごとくすること数多の年、命おわるの時、紫雲身に纏わりぬ。」（『日本思想体系』第七巻、四〇ページ）

長年仏様に仕えていたら亡くなるときに紫の雲がたなびいたという、まことにあっけない、それだけの話なんです。もちろんえらいお坊さんの伝記もあるし、すごい政治家や武人の伝記もある。何の有名人でもないごくありふれた人々の伝記がこういうふうにたくさん書かれているのです。

たとえば鈴木大拙★11の『日本的霊性』★12に書かれているのも、やはりそうした広い意味での往生伝、妙好人《みょうこうにん》伝★13に書かれた伝記の中から鈴木大拙に、こう

★10　極楽往生した人々の伝記や臨終時の不思議な現象を集めた書物。日本では平安時代から書かれはじめ、説話文学にも影響を与えた。

最近刊行されたものとしては次のようなものがある。

『往生伝　法華験記』『日本思想大系』第七巻（岩波書店、一九七四年）（『日本往生極楽記』（慶慈保胤）、『大日本国法華経験記』（沙門鎮源）、『続本朝往生伝』（大江匡房）、『本朝神仙伝』（大江匡房）、『拾遺往生伝』（三善為康）を採録）。『近世往生伝集成』（全三巻の予定）（山川出版社、第二巻まで刊行、未完結のままに絶版）。

また、入手しやすい研究書としては以下のようなものがある。

笠原一男編著『近世往生伝の世界』〈教育者歴史新書〉一七五。笠原一男・小栗純子『生きざま死にざま』〈教育者歴史新書〉一七八。笠原一男編著『女人往生』〈教育者歴史新書〉一八三。柏原祐泉・大峯顕『妙好人、良寛、一茶』〈浄土仏教の

いうのがありますよと教えてくれた人がいるのだと言うのです。実際そのように鈴木大拙さんの本に書いてあります。そのときにはまだ日本人は死ぬときには、自分の人生の全体を振り返って考えるという気持ちがあったんじゃないかと思います。西洋人の伝記でいうとドイツのピエティズム（敬虔主義）[★14]の中に、やはり一般市民の伝記がたくさん書かれて残っているのです。それらと比較してみるとやはり日本人の方がちょっと瞬間風速型かなと感じることもあります。

未来世代への責任こそが宗教と哲学の課題

これから日本人に必要とされるのは自分の生涯の長さだけではなくて、自分の生涯のもっと後に続いて生きていく人々に対してどういう生活の条件を保証するかという未来世代に対する現在世代の責任が大きくなってくる。資源が枯渇する、砂漠が大きくなる、危険な化学物質が生命を脅かす。短期的に自業自得の原則でばらまいた悪の種が、長期的に未来の人間を死の淵に追いつめていくのです。私が今生きることが未来の人間の生命を滅ぼすように働く力を強めているのではないか。空を見て、こういう疑いに言葉を与えれば、地の底に流れる、時間を縦に貫く生命の歴史に自分を位置づけるという

思想〉第一三巻（講談社、一九九二年）。
★11　すずき・だいせつ　一八七〇年（明治三）—一九六六年（昭和四十一）。仏教学者。禅と念仏を研究。アメリカに渡り、英語で仏教について多くの論文を執筆し、教えを広めた。帰国後は学習院大学、大谷大学の教授を務める。一九四九年に文化勲章を受ける。『鈴木大拙全集』全三〇巻（岩波書店）がある。
★12　鈴木大拙の著作で、一九四四年（昭和十九）に刊行された。鎌倉時代の浄土信仰と禅の教えが日本人の霊性（精神の奥に潜在する働き）を自覚させたとして高く評価した書物。
★13　妙好人とは浄土真宗の篤信の信者のことで、その人々の伝記や逸話編が『妙好人伝』として江戸時代に刊行され、その後も類書が数多くある。真宗信者の模範的生き方として、鈴木大拙も注目している。
★14　十七世紀から十八世紀にかけて、ドイツのプロテスタント教会内で起こった内面的・神

感覚がわき上がってくるのではないでしょうか。そのとき日本人が死を受け止めるときに時間の長さをどう感じ取るのか。長期にわたる未来の自己の責任という問題についてどういう受け止め方をするのか。それが二十一世紀の日本人の宗教と哲学にとって大きな問題になると思います。

――加藤先生どうもありがとうございました。

人間の時間感覚が問われている。日本人の瞬間風速型の時間感覚、実はそれだけではなくてもっと悠揚たる時間感覚もあるのではないか、そしてその後者の悠揚たる時間感覚が未来の世代に対する私たちの世代の責任の重要な条件として、もっと焦点を当てていかなければいけないと、こういうお話だったかと思います。

最初に人口安定期の文化、人口変動期の文化というお話をされましたけれども、これからはその変動期の文化ではなくて安定期の文化が大切であると、私もそうだとおおいに共感し、同感するわけです。しかし、そうするとその先ほどの山折先生のお話ではないですけれども、もう一度平安時代のような中世が来るものなのだろうか、私どものいわゆる教科書的知識では中世とは西洋でも日本でも発展なき停滞、あるいは自由の抑圧された時代という

秘主義の運動。敬虔な生き方（プラクシス・ピエターティス）を求めようとした。この思想傾向は、カントやシュライエルマッハーにも影響を与えた。

ふうに習ってきております。物質の生産を抑えて人口の増大を抑えて文化だけを発展させる、そういう中世が二十一世紀に来るんだろうか、そういったことを考えたりいたします。

それから宮本武蔵の話、これは仏教者、あるいは宗教者にとって非常に痛いところをついた論点ではないかと思うんですね。宮本武蔵が書いた『五輪書』の、私も読ませていただきましたけれども、彼はまず剣豪なんですけれども、仏教者でもあります。しかしそうすると剣豪というのはそもそも殺人者ではないか。仏教者であることと殺人者であるということがよくもこう矛盾なく成立している、これは一体どういうことなんだろうか。そういう疑問、人を殺すということと宗教者であることとの矛盾、これはオウム真理教の問題にも通じるかと思います。

話題の宝庫とも言える、お二人の先生方の多方面にわたる知識の中から宗教と哲学について、大変示唆に富むご発題をいただきました。山折先生は、わが国の安定期であった平安時代と江戸時代における平和装置としての宗教のあり方について述べられ、そして今、私たちはもっとそうした過去の歴史から学んでいかなければならないと強調されたように思います。

一方、加藤先生は、世界的な人口問題の行方から説き起こして、来たるべき人口安定期に生きる未来世代のために、私たちは責任ある文化をつくっていかなければならない、そしてそのためには私たち日本人の時間感覚を何とかしなければいけないのではないか、未来を強く意識したそういうお話だったように思います。

講演の部はこれで終わりたいと思います。どうもありがとうございました。

公開対談

Ⅰ　死生観と宗教意識、倫理

――それでは公開対談の部を始めさせていただきます。そもそも対談というのは、クローズドの場所でお酒でも飲み、食事でもしながらじっくりとするそうなんですけれども、聴衆を前にしての公開対談というのはきわめて大胆な試みで、この大谷ホールでも初めてだということです。最初にご講演をいただきましたので、お二人の先生方にそれぞれ補足説明もしくはお相手の先生に対するご質問等がありましたらそれぞれ行っていただいて、そこから対談を始めてまいりたいと思います。

一応公開対談の部は、最初に「一、生命」というテーマで生命倫理に関わる諸問題、そして、「二、環境」、そこには、グローバルな規模での諸問題も含めます、そして総括という形で「三、二十一世紀の宗教と哲学」というふうにおまとめいただければと、考えております。しかし私ども主催者の方で考えましたシナリオはこれだけで、対談という性格上、話がどのように展開するのかまったく未知数でありまして、ドキドキワクワクしておりますけれども……。

それでは山折先生の方から、補足などがございましたらどうぞ。

剣豪に見る瞬間風速型の宗教意識

山折　先ほど話しましたことについては特別補足することはないんですけれども、今、加藤さんから宮本武蔵の話がでましたね。その辺からまいりましょうか。

おっしゃられたように、『五輪書』に五十何回か真剣勝負をやった男が、人を斬ったことについて何一つ言っていないというのは、まったく驚くべきことですね。やはり剣士の風上にも置けない人物かもしれない、と思ったんですが、実は、武蔵に関してはあの斎藤茂吉★1が面白いことを言っているんです。昭和六、七年だったと思いますけれども、宮本武蔵というのは卑怯な男だと茂吉は言うんですよ。佐々木小次郎★2との戦いについての話です。実際にあの下関のすぐ先の巌流島まで茂吉自身も行って、それで実地調査もちゃんとした上で言ってるんですけれども、宮本武蔵はまず時間に遅れて来た。約

★1　さいとう・もきち　一八八二年（明治十五）―一九五三年（昭和二十八）。大正・昭和期の歌人。伊藤左千夫に師事し、後に雑誌『アララギ』の編集責任者となる。青山脳病院長を務めながら、生涯に数多くの和歌を作り、評論・随筆に健筆

束の時間はそもそも午前八時だった。しかし武蔵が現れたのは十時過ぎだったんですね。三時間近く遅れている。それは計算の上でやったわけです。

加藤　ふつうなら休講になりますね。授業はやらない……。

山折　休講どころか、授業放棄ですね。ところが小次郎は案の定、ジリジリイライラしていて、完全に精神の平衡を失っていた。武蔵はそれを見越してやってきたということですね。さらにもう一つの約束違反があると茂吉は言うんです。たしか二人とも真剣でやるはずだった。ところが小次郎は真剣を持って対したのだけれども、武蔵のほうは木刀二本を持って行った。これがやっぱり約束違反だ。それを見ると、武蔵という人間にはフェアプレイの精神がなかったと、近代的な解釈をしているわけです。それで茂吉は大変怒ってエッセイを書いてますよ。

私はそれはなるほどなと、つまり茂吉の言うとおりだなと思っていたんです。しかし一番強いのはそうは言っても日本の剣士の中ではやっぱり武蔵かなと思っていたんですが、今日のお話をうかがって、まああんまり武蔵というのは評価しなくてもいいかなと。それで『五輪書』に仏教の思想があるとどなたが言ったか知りませんけれども、実は知っているんですが（笑）、やはりそれは嘘ですよ。

をふるった。

★2　ささき・こじろう　生年不詳―一六一二年（慶長十七）。佐々木巖流とも称する。江戸初期の剣士で、燕返しの剣法を案出した。一六一二年（慶長十七）四月、巖流島において、宮本武蔵と闘って落命した。

加藤　宮本武蔵は、相手が策略を巡らしているということを知って、それを察知したために逆にまたその裏をかいたという説もあります。

さて時間遵守という観念は、いつ頃日本人の生活の中に入ってきたんでしょうか。欧米ですと、さっきフォードの工場の話をいたしましたが、フォードは最初は時計を作ってお金を儲けようと思ったんです。時計を作ってもあんまり売れないと判断したので、自動車にしたんです。ところが自動車工場では大量の労働者がベルトコンベヤーシステムで働いているので、一人でも遅刻されると工場では仕事ができなくなっちゃう。そこで遅刻廃止運動というか遅刻防止運動というのを大々的にやりました。その遅刻防止運動でノイローゼの患者が出た。というのでチャップリンが★3『モダン・タイムス』★4にそれを取り上げました。

時間遵守という考え方が厳しく要求されるようになるのが、労働者について言うとフォードの大量生産方式ができてからです。ところが学校の方はもうちょっと早いんですね。小学校や何かが一斉授業をきちんとするようになったのが、イギリスでは一八二五年と言われていますから、工場よりもうちょっと前に時間遵守という考え方があったと思います。

山折　なるほどね。

★3　Charles S. Chaplin（1889—1977）　アメリカの俳優・映画監督。ロンドン生まれ。自ら監督・主演してユーモアと哀愁あふれる数々の名作を残した。

★4　チャップリンの代表作の一つで、一九三六年のトーキー映画。技術や機械によって労働者の人間性が疎外される現代文明の矛盾を鋭く突いた。

加藤　だから武蔵と小次郎の時代に、斎藤茂吉はけしからんと怒る。たしかに私も、三時間の遅刻はやっぱりまずいと思うんだけど（笑）。一時間ぐらいだと遅刻のうちに入らないという可能性はないでしょうかね。

山折　どうでしょう。近代以前の場合、時間の基準というのはやっぱり太陽の巡りとかお月さんの巡りにしたがっていて、太陽が上がって労働を始め、落日の時刻を迎えてその日の仕事が終わりということになっていました。こういう自然の時間感覚というものが、働く上でも人との約束の上でも先行していたんじゃないかという感じがしますけど。

加藤　私は、宮本武蔵が剣の道に生きているので、自分は負けちゃいけない、負けないことが大事なんだ、だから小次郎との試合が汚いか汚くないかという、斎藤茂吉流の評価はあまり関心がないと思います。『五輪書』というのが武蔵の晩年の著作で、しかももう剣士として実用価値がなくなってしまったけれども、自分の名声を子供のために残したい。しかし子供にはもう剣の道を歩ませないという決意までして、自分の思い出を残したいという気持ちがあったので、自分がある高度の観念体系の持ち主であったかのようなイメージを作り上げたいという、老後の自己イメージの修正という意図が『五輪書』の中にあるのではないかと思うんです。分かりやすく言えばインテリぶって「ええかっこしい」をやろうとしてできたのが『五輪書』です。

晩年の心情は同情に値すると言ってもいいですが、絵はうまかったけど文人としては一流とは言えなかったという気もするのです。それを仏教学者が、『五輪書』に日本仏教の精神があるといって評価する。人を斬り殺す瞬間でも、そこに心身の統合があるから、仏教的だと言いたくなる、その評価の姿勢の中にあまりにも瞬間風速型の意識が強いと、私は言いたいわけなのです。

山折　それについては仏教との関係で言いますと、むしろ武蔵よりは千葉周作★5の例を挙げたいんです。千葉周作というのは幕末のおそらく日本随一の剣士だったと思うんですけれども、もともとは南部藩（現在の青森県東部から岩手県中部にわたる）の馬医者の倅《せがれ》ですよ。諸国修業して最後は江戸にやってきて、お玉ケ池（東京・神田）の道場でまたたく間に三〇〇〇人の門弟を作ったっていう男です。非常に無駄のない、短い期間で剣の極意を教えることができた。そういう剣の達人だといわれているのが千葉周作、北辰一刀流をつくった男ですよね。

加藤　講釈に出てくるお玉ケ池の先生ですね（笑）。

山折　うん、そうそう、講談に出てくる話ですね。その晩年の話にこういう

★5　ちば・しゅうさく　一七九四年（寛政六）—一八五五年（安政二）。幕末に江戸で活躍した剣士で、北辰一刀流の開祖でもある。この流派の要諦は、「瞬息心気力一致」につきるという。水戸藩の撃剣師範をも務め、また生涯で多くの門弟を育てた。

のがあるんですよ。これは仏教と関係があるかもしれない。ある大名に仕えているお茶坊主がたまたまお玉ケ池の近くにあるあの護持院ケ原を通ったときに辻斬りに出会った。「ちょっと待ってくれ」と、彼はその辻斬りに言った。「自分は今仕官している大名のために仕事をしなければならない、それがすんだらお前のために斬られてやろう」と。お話ですからどこまで史実か分からないわけですが、ともかく斬られてやろうと約束してきた。それで仕事を終えて千葉道場に行くわけです。そのとき千葉周作は、病気になって横になって寝ていた。その男が言うには「自分はこれから約束どおり護持院ケ原へ行って辻斬りに首を斬られようと思う」と。「美しく斬られるその方法を教えてくれ」とこう言っている。これを聞いて千葉周作は感動するわけです。立ち上がって斬られ方を教えた。どういう教え方をしたかっていうとですね、すっくと立って半歩足を開き、それで呼吸を整えて目を閉じよ。そして刀を大上段に振りかぶれ、と。そのうち体に冷たいものが走る。

加藤　ん？

山折　うん、体に冷たいものが走る。まあ向こうから斬りつけてくるってことでしょうね。「その時に太刀を振りおろす。その時お前はきれいに殺されているよ」と、こう千葉周作は言うわけです。言われたとおりそのお茶坊主

山折哲雄氏

は、約束の場所へ行って辻斬りの前に立ち、そのようにやるわけです。辻斬りはそれを見ていてなかなか斬り込めない。そのうちですね、ああこの男は相当の剣の使い手だと言って逃げ去ったと、こういう話なんですね。これはお話ですから、あくまでも（笑）。

だけど、これはやっぱり千葉周作という人間が、短時間の内に死ぬ覚悟をその男に教えたということでしょう。目をつぶらせたっていうのも非常に微妙なところです。つまり死の覚悟をいわば剣の道をとおして教えたというところが、味があると私はみているんです。それはおそらく、そういう教え方の中に仏教の思想が流れているよと言えば、こちらの方がはるかに説得力があるし、そうだと思うんですね。千葉周作の有名な言葉ですけれど「それ剣は身・気・力の一致」というのがある。つまり一瞬の気合だと言ってるわけです。その点では、まさに加藤さんが言われるように瞬間風速型なんです。「身・気・力の一致」、それは瞬間風速型的な「気合」です。

だけど、瞬間風速型の生き方の背後には、そもそも、死を覚悟する無常の意識が流れてたのではないかとも思うんですね。これは仏教的な考え方で、不易★6の思想だとも思うんです。非常にタイムスパンの長い人生観と言っていい。だからその両方を見ないと、日本人の伝統的な死生観というか、美意識

★6　いつまでも変わらないこと、すたらないこと。または、そのさま。

というものは分からない。片面しか見ていないことになる。

生、死の記述と宗教意識

加藤　ドイツではピエティズム★7という宗教運動がルター派の中から生まれてきました。ルター派もあっちへついたりこっちへついたりしますが、中から非常に民衆型のプロテスタンティズムが生まれてきていて、個人の伝記を書くということが信仰の証であるという文化が発生したわけですね★8。今ではヨーロッパにおける個人の伝記の成立は、どこから生まれてきたかっていう点についてはいくつか説があるのですが、その複数ある説のうちの一つがドイツ・ピエティズムの中の伝記文学というので、これは日本の往生伝と非常に良く似ています。

山折　ああ、そうですか。

加藤　つまりある人が、どこかに生まれ、育ち、結婚して、こういう子供を産んで、こういう仕事をしてということを書いたんだけれども、結局信仰をしっかり守って亡くなった、ということを他人の場合でも書くし、また自分でもこういう人生を送ってきたと書くんですね。これは自伝文学が成立するという意味では非常に大きな契機になるんですが、日本の往生伝というのは

★7　四七ページ参照。

★8　伊藤利男『敬虔主義と自己証明の文学』（人文書院、一九九四年）。

かならず他人が書くわけで、ご当人が書くわけじゃない。だからその違いは大きいんだけれども、死際の美しさという意識がヨーロッパにもあるかということが、問題になります。

どうもピエティズムの文学の中には死際の美しさという意識がなくて、自分の人生全体を振り返ったとき、最後はきれいにという意識はもうほとんどなく、ただ人生全体丸ごととしてプラス・マイナスの点数をつけると神様に合格点もらえるという意識が大きいんじゃないかと思います。死際の美しさは瞬間風速型の評価でなり立ちますが、人生の全部を通算して評価するのは複式簿記型の決算報告書のようなものです。

山折 自伝の場合には、自分の死を書くことはできない。往生伝の場合には他人が書くから、死を描くことができる。だから美化して語ることができる。どの程度これは信用していいかどうかわからないわけですよね。例えばヨーロッパの中世キリスト教徒達にとっての死の場面というのは、グロテスクで奇怪なかたちで語られたり伝えられたりしている。トランジ★9と言って、お棺の上に虫についばまれた腐敗しつつある肉体の模造品を置くというようなこともやっています。だからたしかに汚いんですが。しかしどうでしょうか。例えばドストエフスキー★10の『カラマーゾフの兄弟』★11の中に出てくるゾシ

★9　フランス語の transi とは、屍体墓像とも訳される。西ヨーロッパ地方で、後期ゴシックやルネサンス期の墓像にしばしば刻まれている骸骨やミイラ状の屍体の彫刻を言う。

★10　Fyodor M. Dostoevskii（1821―1881）　十九世紀ロシアの小説家。人間社会の悪や諸矛盾を追及し、鋭い心理描写を特徴とする。『罪と罰』『悪霊』『カラマーゾフの兄弟』などが有名。

★11　ドストエフスキーの最後の長編作品。一八七九年から八〇年にかけて連載された。父親殺しや現代のキリストという主題が盛り込まれ、深い思想性を有している。

マ長老[★12]が死んだときに、香気が漂うんだけれども、そのうちに腐敗臭が漂ってきたという、微妙な話が出てきますよね。

加藤　一番最後の場面ですね。

山折　あれは、往生伝と同じなんです。先ほど加藤さんがおっしゃったように、ある修行者の場合には最後きれいに亡くなって、部屋の中にお香の匂いが立ち込めたっていう奇跡の話があります。しかしそれらは別の場合には、例えば、死の間際まで地獄の業火に責められて苦しみながら死んでいったという記述が、かなりあるんです。両面あるっていう気がしますね。

加藤　ただ自分の人生の評価を、例えば往生伝の場合には最後に美しい死に方ができたということがその人の人生全体の評価の現れだという文学態度で記述がなされていると思うんです。その人生全体の評価そのものが、言ってみれば倫理的であるよりは美的である、全体的であるよりは瞬間的であるという特徴は、やはり日本の仏教の特徴として言えると思うんです。

山折　伝統社会における日本人の倫理感覚というのはまず美的でなければならない。美的でないものは倫理的でない、醜悪なるものは決して道徳的ではないという感覚はヨーロッパよりはるかに強いんじゃないかと思うんです。

加藤　そうですね。ヨーロッパだって、プラトン[★13]は美しい物と善なるもの、

★12　『カラマーゾフの兄弟』に登場する人物で、フョードル・カラマーゾフの三男アレクセイが師事する修道院の院長。

★13　Platon（427 BC—347 BC）　古代ギリシアの哲学者で、ソクラテスの弟子。アテネに学校（アカデメイア）を開いて弟子を教育した。ソクラテスを登場させた対話篇を多く書き、その中で、イデア論に基づく霊魂の不滅を説いたり、その他、知識や道徳、国家や法律の問題を論じた。『ソクラテスの弁明』『饗宴』『国家』などが有名。邦訳で『プラトン全集』全一五巻および別巻（岩波書店）がある。

美なるものは善なるものといって、美と善が一緒だという考え方に近かったわけですけれども、キリスト教文化になるとずいぶん醜い文化がたくさん出てきて、ヘーゲル★14は「なんであんな汚いものを大事にするんだ」、首吊りの場所を敬うのはキリスト教だけだと言ってます（『自然法講義』）。首吊り場（処刑場）をシンボルにしているような陰気な宗教はいやだ、と。そういうことをヘーゲルは書いているわけです。

キリスト教意識では、いつもギリシアとキリスト教の比較が常に念頭につきまとっていて、ほんとにギリシアよりもいいものをキリスト教文化は作ったかどうかというのが、八世紀頃からずっとヨーロッパでは大きな悩み事であったわけです。ヘーゲルはどちらかというとギリシア贔屓のところから出発していきますから、キリスト教文化の醜さはきらいだということを若いときに書いてるわけですね。

死に方を選ぶということ

山折　先ほど美しく死にたいという人間の心情みたいなものが、例えば往生伝なんかで読むと出てくるというお話がありましたが、あれは美しく死ぬためにいろんなプラクティスというか行をやるんです。そうした話は、よく往

★14　Georg Wilhelm Friedrich Hegel（1770—1831）　いわゆるドイツ観念論の大成者。独自の弁証法により、自然と歴史をも含む。全世界を包含する理念の展開を述べた。彼はまた、当時のプロイセン（ドイツ）の国家哲学者として、宗教と理性、教会と国家、自由と法の調和的統合を説いた。その強力な体系知の思想は、学派を形成しつつ、後世にも大きな影響を与え、また彼に対する批判的対決から、フォイエルバッハの人間学やマルクスの社会主義思想も構築されていった経緯が見られる。言うまでもなく加藤尚武氏は、わが国におけるヘーゲル研究の第一人者である。なお、改訳版で新しく『ヘーゲル全集』（岩波書店）が刊行中。

【インタビュー】脳死・臓器移植について、賛成ですか。反対ですか？

●山折哲雄

私は脳死を死と認めません。なぜなら人間の死は心臓死とか脳死とかいうような「点」における死ではない、「プロセス」における死であると思うからです。したがってそのような脳死に基づく臓器移植も、当然認めることができません。しかし脳死を死と認める人がいて、自分の脳死の段階で自分の臓器を提供しようと思う人がいる場合、その移植医療にまで反対しようとは思いません。

●加藤尚武

「脳死に賛成か」という質問が間違っています。私は脳死状態になったら自分の身体で他人を救うことのできるものであれば、何でも提供したいと思います。しかし、自分の健康状態を考えると、自分が臓器の受ける立場にはならないだろうと予測しています。「脳死状態」というのは、私の身体を法律的に見て「死体として扱ってよい状態」を意味します。それは私の身体の連続的な変化の中の一定時点から始まります。死の過程が生理学的に見て連続的な過程であるからと言って、人間が法律的に「死亡時刻」を定めていることが間違いだとは言えません。生理学的な連続状態を法的に不連続として扱うこと自体が不合理ではないと判断できる以上、私への脳死判定を私は受け入れることができます。

生伝に出てまいりますけれども。

加藤　ええ。

山折　美しく死ぬということのスタンダードなやり方はひとつだけじゃなかったと思いますけれども、最も重要だと私が思うのは、木食《もくじき》★15の段階に入っていくやり方ですね。五穀断ち、塩断ちをしていくと、もう後自分の命が一ヵ月とか二ヵ月とか半年とかが分かってきて、それで死を迎えるわけです。これは死期を悟るからできることであって、仏教では非常に重要なことだった。それで木食に入る。それは五穀断ち、十穀断ちをしますから、木の根、木の葉、そういうものを食べて生きていくわけです。後は水を飲むだけです。だんだんに体が枯れ木に近くなって痩せ細っていく。あと完全な断食に入ったら何日間ぐらいで息絶えるだろうかというあたりのことまで分かっている。毎月のように断食なんかの行をやって、自分の身心の状況を見てるわけです。

それで、俺の場合には一週間だ、あるいは一〇日間だっていうことで、それぞれ完全断食に入っていく。完全断食に入っても水は飲む場合がある、あるいは水すら飲まない。夜は睡眠をとる場合もあれば、あるいは夜も睡眠はとらない。自分の体調に応じたいろんなやり方で完全な断食状態を一週間と

★15　米穀を断ち、木の実や草などを食べて修行すること。断食にいたるまでの修行過程にこの木食行があり、その修行を続ける高僧を木食上人と言った。木食の典拠は仏教の経典類には見出せないが、日本では中世以降、修験道が盛んになると、各地の修験の霊場には木食上人たちが現れ、人々の崇敬を集めた。即身成仏を目指した行者たち（主に東北地方に見られる）は、成仏に至るその修行の過程で、この木食行を行った。

か一〇日続けると、そのままスーッと息絶えるっていうのです。毎月毎月のいろんな訓練でもって、三日やったらどうなる、五日やったらどうなる、七日ぎりぎりのところまでいけそうだ。あと一日やったらそのまま死んでしまう。そんな計算が自然にできているわけです。

加藤　そうすると何度も事前にその死に方訓練をやっておいて、いざ本番という時に間違いなく逝けるようにというわけですね。

山折　ところが、私が見た限りでは、そのいざ本番の時を間違えちゃう場合もあるわけです。

加藤　ミイラの作り方だとか即身成仏のやり方とかというのをいろいろ見ると、間違ったときひどいことになりますね。

山折　そうそう。

加藤　まさに地獄の苦しみになっちゃうんじゃないですか。

山折　だから断食というのは素人療法でやるべきじゃないんですね。私自身は最後は、そういう状況になったら木食から断食に入って死にたいと思ってるのですよ。うまく最後の最後まで自分の計画どおりいくかどうか、その前に病院に担ぎ込まれて点滴を受けたらもう終わりですよ、これで（笑）。万事休すです。それだけが心配なんだけれども、ただ医者の側の意見もあるだ

（右）山折哲雄氏
（左）加藤尚武氏

ろうし、家族の問題もあるし……。このへんの倫理の問題は、これから非常に大きな問題になるんじゃないかと思うんですけれども。

加藤　山折先生には医の倫理委員会に、ちゃんと前もって自分の死ぬときはこういうふうにしたいからと書き物を残していただきたい。

山折先生のお書きになったものを見ると、倫理委員会というのは患者の宗教心を勝手にああでもないこうでもない、というように勝手な采配を振るうんじゃないかとご心配のようだけども、それはあんまり心配しなくてもいいのではないかと思います。

山折　問題は、倫理委員会より病院そのお医者さんじゃないですか？

加藤　いや、倫理委員会がお医者さんに対してのお医者さんに対してそのように勧告するわけです。だいたいお医者さんも倫理委員会に入っていますが。このあいだエホバの証人[★16]をめぐる裁判がありました。その患者は六十八歳、裁判ざたとは別の原因で亡くなってしまうのですが、どうしても輸血をしてほしくないからというので書き物を書いて先生に渡したんだけど、先生は「うん、分かった、分かった」って受け取ったのか、分かったと言っているだけなのかどっちだか分からないみたいな格好になってもめたんです。しかし、病院側では、一応患者さんの意向を汲むけれども、万が一の場合輸血するというそういう方

★16　ものみの塔 Watching Tower とも言われるキリスト教の異端的一派。アメリカ人のC・T・ラッセルが一八八四年に創立した。エホバ（ヤハウエ）のみを神として礼拝する。独特の聖書解釈により輸血を受けること、また国旗敬礼や徴兵を拒否している。

【インタビュー】

医療機関での「倫理委員会」では、宗教や倫理学の立場が実際どの程度反映されているのでしょうか?

●**山折哲雄**

ほとんど無視されていると思います。しかしはっきりしたことは分かりません。私が今いちばん興味があるのは、こうした「倫理委員会」に名をつらねる委員たちの人生観や生命観がどういうものであるかということです。全国各地に存在する「倫理委員会」の委員たちの「身上調査」をして見ると、面白いデータが出てくるかもしれません。

●**加藤尚武**

患者の信仰生活を尊重するという基本線があります。例えば、エホバの証人の治療をめぐって、まず東京地裁で判決（一九九七年三月十二日）がありました。中心となるポイントは「輸血しないという特約は公序良俗に反するので無効」（民法九〇）という点です。この「公序良俗」判決が東京高裁判決（一九九八年二月九日）でひっくり返りました。東京高裁は、請求を棄却した一審を変更し、計五五万円の支払いを医師側に命じました。稲葉威雄裁判長は「人の生きざまは自ら決定でき、尊厳死を選択する自由も認められるべきだ」と踏み込んだ判断を示し、「救命手段がない場合、輸血するという治療方針を女性に説明すべきだった」と述べました。倫理委員会での基本原則はこの判決に準ずると思われます。

針を決めてたんです。それで最初一二〇〇cc程度の出血ですむだろうと思ったところが、二〇〇〇ccの出血になってしまったんで、病院の倫理基準で輸血が必要だというので輸血をやっちゃったんですね。

ところが後で、結局亡くなった後で、せっかく輸血しないでくれって言ったのに輸血したって言うので、遺族が訴えるのですが、そして裁判の結果、病院の先生一人五五万円、四人の先生の手元にいたので約二〇〇万くらいのもので、あんまり高額とは言えないけれども、ともかく先生の方が敗訴になったんです（一九九八年二月九日、東京高裁）。東京高裁の判決文を見ると、宗教上の理由でどうしてもという人を、無理矢理その意向に背くような治療をするなという趣旨でありまして、さらに、最高裁の判決（二〇〇〇年二月二十九日）が出て、だいたいこの方向で日本の病院はいくんじゃないかなと思います。ですから山折さんの場合にこの水飲み期だとか、眠り期だとかいろいろ細かい処方箋を書いて、これに反したら困るというのをお書きになったらいかがかでしょうか。

山折　それは書くつもりでおりますよ（笑）。

加藤　玉城さんがよく言ってましたよね。玉城康四郎先生★17というインド仏教学の大家がおられて、東北大に山折先生の在任時におられたんでしたでしょ

★17　たまき・こうしろう　一九一五年（大正四）―。仏教学・比較思想学の研究者。東京大

うか。

山折　宿舎が同じでね。よく座禅をされた方でした。

加藤　「そろそろやろうかな」とかって言って、「えー、ちょっとしばらくやりますから」と宣告して修業に入る。玉城先生の場合には、ニルバーナ（涅槃）に近い境地に到達するために二〇日間ぐらいかかるようでした。

山折　そう詳しいことはうかがってませんけどね。断食をやるわけですか。

加藤　家族に申し伝えて、それで食事だとか水だとかについての細かい処方箋は家族に全部伝えてあって、ずいぶん奥さんが苦労したって話を聞きますけども。わがままな先生で断食しても健康にちっともいいことはないという話も聞いたけど、そうやってやると絶対の境地に自分は到達できると言うんですよね。それで心身一如、超人格的思惟という言葉があって、西洋哲学者はそういうことを口では言うけれども口先ばっかしで実行しない。例えば心身同一性ということをシェリング★18は口先で言ったけれども、自分はちゃんとそれを実行するというのです。

山折　本当は、他人に対して断食をして死んでいくよと、宗教的な自殺を遂げるよということは知らせてはいけないんですね。自然死であるかのごとく断食死すれば一番理想的なわけです。私なんかもそういきたいと思ってい

学教授、比較思想学会会長を務めた。『近代インド思想の形成』『瞑想と経験』『東西思想の根底にあるもの』などの著作がある。

★18　Friedrich Wilhelm Joseph von Schelling（1775―1854）フィヒテ、ヘーゲルと並び称されるドイツ観念論の哲学者。彼の思想は生涯にわたり絶えず変化し、自然哲学と精神哲学を包含する同一哲学の立場から後には神秘主義的方向へと向かった。『超越論的観念論の体系』、『人間的自由の本質』など。加藤氏によれば、哲学者として初めて写真に撮られた人物だと言う。

る。例えば西行法師★19はそうやって死んでいったと私は思うんです。そのような死に方を暗示しているのが、「願くは花の下にて春死なむ　その如月の望月のころ」という有名な歌です。

加藤　ほとんど予定どおりに亡くなっているんですよね。

山折　その如月（陰暦二月）の頃ね、桜を見ながら望月、つまり満月を見て死んでいった。花の下にて春死なん、か。その如月の望月の、ですね。西行は、ちゃんと死ぬ前の年に、弘川寺《こうせんじ》★20というお寺の裏に庵《いおり》を作ってるんです。死に場所をちゃんと作って、年が明けて、つまり二月（旧暦）でしょう。だから年が明けてから木食に入っていった。それから完全断食の状態に入って、ちょうど満月のときに息絶えるんです。

加藤　ちゃんと桜は咲いてたんですか。

山折　まあ、それは証拠はありませんけどね（笑）。当時、都人《みやこびと》たちはそのとおりに死んだと言って、感嘆してるわけなんです。

加藤　最近は、京都は桜が咲くと言って観光客が予約したりすると咲かなかったり（笑）、いろいろその変動が多いわけですけれども、あれは気候変動のせいなのであって、きっと西行の頃は予定通り咲いたのかもしれませんですね。

★19　さいぎょう　一一一八年（元永元）―一一九〇年（建久元）。平安末期の歌僧。俗名は佐藤義清という武士であったが、二十三歳のときに出家。日本各地を遍歴する。『新古今和歌集』には、最も多い九四首の歌が採録されている。桜と月と恋を多く主題に取り入れた。家集『山歌集』が有名。

★20　ひろかわでらとも言う。西行が没した寺でもあり、大阪府南河内郡河南町にある。その裏山には、西行の墳墓と言われる塚がある。

山折　いやそれは、月だって雲に隠れるかもしれない。こうなると一種のイメージ往生ですからね。どっちでもいいかもしれませんけれど……。

加藤　でも、やっぱり西行という人はそれほどまでに死ぬ瞬間に美しいというのを追求していて、これは瞬間風速型日本人美意識でしょうかね。ところで井原西鶴★21はもうちょっと泥臭い死に方してますよね、五十二歳ですけど。「浮世の末に見過ごしにけり二年半」という辞世を残してますよね。

山折　死ぬ瞬間にこだわるという点ではまさに瞬間風速型と言えるかもしれない。けれどもそこに至るために自己コントロールをしている時間というのはものすごく長いわけです。これは長期志向型ではないですか、やっぱり。

★21　いはら・さいかく　一六四二年（寛永十九）―一六九三年（元禄六）。江戸前期の作家・俳人。元禄前後の町民や武士などの生活や享楽世界を浮世草紙に表した。『好色一代男』『好色一代女』『武道伝来記』『世間胸算用』などの作品の他、句集『大句数（おおくかず）』などがある。

Ⅱ　新たなる宗教、倫理の資格

二十一世紀に求められる原始宗教の復権

加藤　ただですね、先生、二十一世紀の話なんです。

山折　そうなんです。そうなんです（笑）。

加藤　いや、先生は、いわば一番安らかに美しく死ぬ方法を長年追求してこられて、その前に林の中を歩き回る期間もあったり、いろいろ長期計画で山折先生の最後の道行きがいろいろ計画されておられるようですけれども、その先生が死んだ後、まだ生き残っている衆生がいっぱいいるんですよ。そういう未来世代への責任が問われているのです。

山折　いやいや、あのね。先ほど言われたように、二十一世紀は人口爆発の時代なんです。それからひょっとすると、難民が大量発生する、大気汚染が進む等々の問題が噴出してきますよね。エイズの問題もある。そういう問題に対して、そういう地球環境のすべての問題に対して、キリスト教とか仏教とかイスラム教というのは果たして有効な処方箋を書けるのか。いや、実は書けないのではないかと私は思うんですね。ああいう歴史的な宗教というのは、もうそろそろその歴史的な使命を終えつつあるのではないか。

加藤　先生がそれを言っては困りますよ。私がそれを言おうと思ってたんだから（笑）。

山折　まあ最後まで聞いて下さい。最後まで。それは、ただ単に歴史的宗教だけではなしに、歴史的な哲学や思想も同じだと思うんですよね。そういう点では哲学も宗教もおそらく二十一世紀に発生する諸問題についてうまく対応できない。だからその歴史的使命は終わりつつあるかもしれない。ただ、それならば宗教なし、哲学なしに人間生きていけるかというと、私は到底生きていけないのが人間だと思っています。

これは冗談半分にしばしば言うんですけれども、人間が人間であるための最後の最後のぎりぎりいっぱいの条件は二つあると思うんです。一つは宗教、もう一つはセックスです。この自意識を失ったとき人間はゴキブリになるだろうと思います。だから宗教を手放して人類は生きえない。とすれば新しい宗教、もうひとつ別の基本的な宗教、普遍的な宗教がどうしても必要になる。それは何かという問題ですよね。
それは、万物に命が宿るという宗教だと私は思います。それは、ヨーロッパの宗教学者や神学者たちが、アニミズム★1であるとかシャーマニズム★2とかいって、原始段階の宗教として切って捨ててきたものです。そういう考え方はとんでもない間違いだったのではないかと思うんです。今から五〇〇〇年前、一万年前、さらに一〇万年、二〇万年とさかのぼっていけば、地球の至るところで、この万物に命ありという信仰は生きていたと思います。これこそ最も普遍的な宗教だと思う。これは、私はひょっとすると歴史的宗教がその生命を終わった後に意味を持ち始める宗教じゃないかと思ってます。

加藤 うん、うん。

山折 それがやっぱり、人間と自然との関係、あるいは自然環境と共存していく人間の生き方に対しても意味のある宗教意識ではないかと思っていいます。そういう宗教意識に一番近い日本の宗教はなにかと考えてみると、それは神道ではないか、それも原始神道ではないか。だから私は寺の倅《せがれ》でしかも仏教の学問を長い間やってきた人間ですが、二十一世紀に重要な役割を果たすのは、仏教とかキリスト教とかよりは神道だと思っていますね。

加藤 道元★3なんかはどうですか。

★1 精霊崇拝とも訳される。霊魂を意味するラテン語のアニマに由来し、さまざまな霊的存在が世界に存在し、それらを信仰する原始的宗教形態。

★2 呪術師を意味するツングース系のサマンに由来するとされる呪術的宗教の総称。シャーマンとは、しばしばトランス状態において神霊や精霊などの霊的存在と交流し、この中から予言・占い・治療などを行う。

★3 どうげん 一二〇〇年(正治二)—一二五三年(建長五)。鎌倉初期の禅僧で、わが国の曹洞宗の始祖。入宋して修行を積む。やがて「身心脱落(しんじんとつらく)」の境地を得て、帰国後、京都の深草の興聖寺を開き、後に越前に永平寺を開いた。

山折　道元も同じです。道元は、例えば仏教の思想家であるとか、あるいは禅の達人であるとかという考え方もあるけども、本質はかならずしもそうではないと思うんです。道元の『正法眼蔵《しょうほうげんぞう》』★4の中に「渓声山色」という巻があるんです。渓声っていうのは谷川の声、山色っていうのは山の姿です。彼が瞑想していると、谷川の流れとか山の姿が自分に向かって語りかけてくる。そのとき語る主体は自分ではなく自然の方だということを、道元はそこで説いてます。それは、何も「渓声山色」だけではなしに、『正法眼蔵』全体の流れの中にもあるわけです。これは、まさに原始神道的な感覚だと私は思うんです。

加藤　『正法眼蔵』という書物の中にある自然と自己との同一性の感覚は、非常に原始的であると同時に非常に洗練された詩的要素もあるのではないですか。先生が『道元』を白楽天★5から説き起こして書いておられるのを見て、「あっ、これは山折流のレトリックでまたやったな」、という感じもしたんです。『道元』の中ではそういう意味で非常に深い自然との共感を山折さんが捉えておられる。道元だと主体と客観、山と山を見る目があって、それが共感するとか一致するとかというわけではないんですよね。山や川の側に自分が存在するという感覚を、非常に鮮やかに道元は捉えていると思うんです。

★4　道元の主著。一二三〇年（寛喜二）頃から執筆が始まり、その後二三年間にわたって著され、全九五巻になる。ここには「只管打坐」などの道元禅の真髄が説きつくされている。

道元

★5　はくらくてん　七七二年―八四六年。唐代の詩人。白居易とも言う。代表作に「長恨歌」、「琵琶行」など。

山折　そう思いますね。

食糧問題の解決法

加藤　そういう鮮やかな詩的感覚が道元の中にあったとしても、二十一世紀にそれが生きるかという問題があるのです。さらにまた、二十一世紀に起こる大きなカタストロフを予測させるあらゆる問題は全部国際化されているだろう、だから日本国内だけで問題が解決するということは、どんな問題にしてもありえないと思うんですね。そのときに日本人の宗教性がどうなるか、あるいは宗教性一般がどうなるかということよりも、この国際社会の変動というものの中で難しいハンドルさばきができる観念形態は何になるかということです。

山折　先ほどレスター・ブラウンの話を出されましたよね。レスター・ブラウンが二〇二〇年か二〇三〇年で中国の食糧が枯渇して、飢餓状態が発生する、難民が出てくる、大変なことになるよと言ってましたね。レスター・ブラウンが最近言っていることで、私はある論文を読んでハッと思ったんですが、二十一世紀の重大な問題は、一つは人口爆発、もう一つはエイズの世界化だというんですね。これで人類はそうとう痛手を被るだろうと言っている。人口爆発とエイズの世界化に対抗する手段はただ一つしかないんだ。それはコンドームだっていうわけです。コンドームを使用することによって人口爆発をおさえる。同じようにエイズの世界化を防ぐことができる。そのように真剣になって議論していますよね。これはアングロサクソンの発想だなと僕は思ったな。

加藤　ああ、なるほど。

山折　まったくアングロサクソンの発想ではあるんだけれども、それは絶対成功するわけはない。インドで、インドラ・ガンディー首相★6の時代にコンドーム作戦をやったわけですよ。これは完全に失敗してしまいました。中国で今成功してるようだけれども、裏はどうなのか分からないと噂されているということが一つあります。もちろん、もしレスター・ブラウンのコンドームセオリーが正しければ、二十一世紀日本のコンドーム産業は万々歳なわけですね。日本はかなりシェアを持っているわけですからね。日本にとって非常に都合のいい議論でもあるんですけれども、しかしそれはそういかないだろう。それはやっぱり意識改革がないところで、いくらコンドームを世界化したところで、解決できない。

加藤　とくにインドの人口政策の場合には、人口政策そのものが人種差別政

★6　Indora Gāndhī（1917―1984）現代インドの女性首相（在一九六六―七七年、八〇―八四年）。ジャワーハルラール・ネルーの娘。シク教徒過激派警護兵により暗殺された。

策と重なりあっていて、そして政府側にとって不利益だと思われる人種に対して、人口抑制を強制するという面もあったという情報もあります。もし人口政策が成功するとすると、倫理的に健全で、しかも非常にコントロール力の強い政府がなければとても無理だということになるわけですね。

山折　そうですね。それでもう一つ、加藤さん、どうでしょうか。食糧が少なくなって飢餓の状態が襲ってくるという議論がもう一つありますよね。その時にレスター・ブラウンなんかが言うのは、現代のアメリカ人の平均カロリーが何千カロリーで、ヨーロッパの方はこうだ、日本は何千カロリーだとかと算出する。それに比べてインドでは、バングラデシュとか東南アジアはこうだと言っている。そうなった場合に先進国の人々はその飢餓に耐えられなくなるというような議論ですよね。

そのとき、そういう議論を読んで私がいつも感ずるのは、飢餓耐久力という要素を全然考えていないということです。インド人の飢餓耐久力というのは三〇〇〇年の歴史があるわけですよね。だから一〇〇〇カロリーで日本人なら死んでしまうところを平気で生き延びるという能力、体力があるかもしれない。なぜそういう合理的な思考というものが、あるいは統計にのっとった合理的思考というものが、飢餓耐久力といったような文化とか宗教とか芸術に深く関わりのある要素を取り込まないのかという問題ですよ。

加藤　レスター・ブラウンさんの説は、別にあれで悪くないと思うんです。つまり飢餓耐久力の民族差を考えたりとか、あるいはまたそういうコンドーム政策が可能であるための条件を考えたりとか、そういうことを彼に期待しても始まらない。大まかな意味で総量として食糧が世界全体で不足するのかしないのかということについて責任あるデータを出してくれれば、ブラウンさんの任務は尽きるんです。

山折　それは、まあ、いろんな政治経済的なインパクトを持つわけですから、分かるんですけどね。

加藤　食糧問題は、世界全体ではそうとう深刻な事態にまでいくかもしれない。しかしそれについて、どういう技術的なバックアップが可能かということについては、対策がゼロだというわけではない。肥料をたくさんやるとか、耕地面積を増やすだとか、労力をたくさん費やすとか、今までのようなかたちでの農業生産性を高める方法が全部行き詰まりになってきていることは確かです。だいたいそこらあたりが食糧問題の大まかなみんなが認めている点だと思うんですね。

今世界全体ではだいたい一〇人の人がいれば、その一〇人がだいたいかつ

［インタビュー］

我々先進諸国の国民の豊かな生活は、第三世界の人間や自然を犠牲にして成り立っている面がありますが、その点どのようにお考えですか？

●山折哲雄

その通りです。しかしこれからは第三世界における人口爆発、そして世界的規模における耕地面積の減少によって先進諸国にも食糧危機の世紀がやってくると思います。そのことを確信をもって予言しているのがアメリカのレスター・ブラウン氏ですが、その人口爆発の危機を食いとめるにはコンドームの普及に期待するほかない、とまで氏は言っています。しかしそれに失敗するとき、こんどは我々が人口爆発の犠牲になる番です。

●加藤尚武

開発途上国への援助に賛成するが、個人的な感情の問題と受けとめることはできません。少数の人口を持つ先進国が資源や廃棄物を大量に消費している、先進国が産業を独占している結果、開発途上国の開発が犠牲にされているという指摘がなされています。こうした指摘の背後には、先進国の生活形態がすぐれている、すべての国が先進国タイプの消費構造に移行しつつあり、またそうした移行を望んでいるという前提があります。さらには、富める者と貧しい者の格差が生ずるのは、富める者の責任に帰せられるのかという問いがあります。

かつ食べられるくらいであって、一部で食べ過ぎの人がいるから飢え死にする人も一部では出てくる。だいたいかつかつの線で動いているわけです。下手をするとそれよりもっとひどい状態になる。食糧が三〇％不足するとシカは全滅するらしい。なぜなら、とぼしい食糧を均等に配分してしまうからです。オオカミは、食糧が三〇％不足すると、個体数を三〇％減らして、七〇％生きのこる。それは食糧不足の時に食べる順番が決まっているからです。人間だとどうなるでしょう。

山折　たしかにそうですね。けれども私は、不審に思ってることがあるんです。飢餓状態になると人間はどうなるかというと、例えばそれは中世の餓鬼草子[★7]を見ると分かるんです。腹がこうプーッと膨れてきて、後は全部骨ガラになっちゃう。髪の毛が立ってものすごい表情になってくるでしょう。あれは餓鬼の姿ですよね。あの餓鬼の姿っていうのはインドにもあるし、東南アジアにもあるし、中国にもあるし、もちろん日本にもたくさんある。飢えてくると人間はああいう姿になるんだということは、我々にとって常識なんですね。仏教圏にとって常識なんです。ところが、どうでしょうかね。キリスト教系の絵画資料を見ておりますと、地獄に行って苦しんでいる連中でああいう餓鬼状態になっている姿は一つもないんですよ。みんなふっくらと栄養

★7　わが国中世に著された餓鬼についての絵巻物。餓鬼とは、悪業の報いとして餓鬼道に落ちた亡者のこと。飢えと渇きに絶えず苦しみながらも、咽喉が針のように細いために飲食ができず、腹部の膨満した慢性的飢餓状態の姿で描かれている。

餓鬼草子（部分）

が行き渡っている肉体をしています。

だからあの飢えた状態の餓鬼というイメージは、キリスト教の伝統にはなくて、仏教の伝統にだけある。これはなんだろうと思うんです。それで私なりに不十分かもしれませんけど探っていきますと、どうもキリスト教の、あるいはギリシア以降の伝統だと思うんですけれど、人間の最大の罪は食べ過ぎなんですね。大食の罪というのはものすごく大きな罪としてずーっと長い間言われていて、ぶくぶく太っちゃった姿でもって、それで地獄の苦しみを得ている。このへんがどうも違う。

断食と非暴力における宗教性

加藤　先生にうかがいたいんですけれど、断食が宗教上の修業になっている宗教は仏教や東南アジア系だけなんでしょうか?

山折　それがそうじゃないんですよね。キリスト教もイスラム教も断食を重視するわけです。『聖書』の中で、たとえばイエスが四〇日、荒野を昼夜さ迷い歩くという話が出てきますね。あの時イエスは断食をしているんです。それからカトリックの修道院に行きましても、断食月とか断食週間をちゃんととっておりますね。

加藤尚武氏

ただ断食のやり方がそう厳しくないんですよ。最低限健康を維持するためのものは食べるという。四つ足は食べなくてもニワトリは食べる。ニワトリは食べなくても卵は食べる。ぶどう酒は何オンスまでは飲めるといったような細かい規定を作っております。それでもやっぱり食事は全体としてコントロールしていく、そういう期間を断食期間と言っております。だから『聖書』にもそれは説かれている。それからもちろん、イスラームの『コーラン』では例のラマダーン★8ということがありますからね。あれだって日中、太陽が出ているとき断食して、太陽が沈んだとたんにたらふく食べるっていうんだから、アラビアンナイト的断食だと私は言ってるんです。だけどとにかくやっぱり歴史的宗教というのは、断食を非常に重視している。

加藤　ともかくおなかが減るのに耐えるというか、空腹の訓練をしているようなところがあるわけですね。

山折　そうです、そうです。

加藤　その空腹の訓練が死ぬための予行演習なのか、そうでないのかという違いがあるかもしれないわけですね。

山折　ぎりぎりのところで、そのままいって死ぬというい き方もありますよね。断食死というのは安楽な死に方、快楽死につながるかもしれません。そ

★8　イスラム教で言う断食月（九月）のこと。健康な大人のイスラム教徒は、この一カ月間の日常生活において、日の出から日没まで一切の飲食が禁じられる。唾を飲み込んだり喫煙や性行為も許されないと言う。

れでもう一つは、それで生き返って新しい人格を手にするという快楽もあるんです。このような二つの快楽がそこには可能性としてあると思うんですね。

加藤　山折先生だと、非常に宗教的なかたちで食を断つということが内面的にも意味があって、それがその二十一世紀にももしかしたら意味があるかもしれないと思っておられるかもしれないけれども、私はそうではなく、つまり宗教的な意味での断食ではなくて、もっと合理的なコントロールとして世界全体で食糧の配分が適正にいくとか、あるいは食糧の増産がある程度の規模までいくとか、食料増産の見通しと人口増大の見通しがある程度連動するだとか、そういう世界全体に関わる合理的なコントロールの能力を人間が高めて、あんまりひどい飢餓状態を世界中に作らないようにするのでなければ、いくら山折先生が一〇〇〇人いても一万人いてもどうしようもないんじゃないかと思うんです。

山折　そりゃそうですよ。

加藤　ですからやっぱり一番基本になるのは、合理的なコントロールの能力を人間はどれだけ高めることができるかということですね。ところが二十世紀は、そういう点から言うと落第生だと私は思うんです。二十世紀の前半部分は、第一次世界大戦（一九一四―一九一八年）とか第二次世界大戦（一九三九―一九四五年）というので明け暮れた。大戦争をやって人殺しの機械ばっかり発達して、それが終わるとだいたい一九五〇年から一九八八、八九年くらいまでは冷戦時代になりました。この冷戦時代は同時に軍備のためにお互いがしのぎを削るという時代であったわけですから、二十世紀全体にとって人類の大きな努力は、戦争と軍備に向けられていたわけです。

戦争と軍備に向けられていたということは、お互いが話し合ってコントロールすることはできないだろうという見込みの中で世界全体が動いていたっていうことですね。この見込みのなかで二十一世紀の人口最大ピークを乗り切れるかといえば、それは乗り切れないだろう、と私は思うんですね。それに対して先生の話だと、宗教家は処方箋が出せないんですか?

山折　まあ、それは宗教に関係があるかもしれませんけれども、戦争を避けるためには暴力的衝突を避けるということですね。暴力的衝動をコントロールしなければならないということですね。暴力的衝動をどれくらいコントロールしたらいいかというところに、宗教とか哲学とか思想の問題が出てくると思うんです。そういう事を言った人間はたくさん過去にいたわけですけども、その代表的な人物がかつては例えば仏陀だった。アヒムサー、つまり不

★9　Mohandas Karamchand Gāndhī（1869―1948）　インドの政治家。無抵抗主義でイギリスの植民地支配に抵抗し、インド独立に貢献。また不可触選民制度の撤廃などの社会改革を図る。ヒンズー教とイスラム教の協調を斡旋しようと尽力したが、過激派ヒンズー教徒により

殺生という教えがそうです。現代においては、例えばインドのガンディー[9]の非暴力の思想ですよね。これは非常に大きな影響を世界に与えたわけです。

アメリカにおけるマーティン・ルーサー・キング[10]なんかがそうですね。ソ連が崩壊したときレーニンの銅像を各地で引き摺り下ろす運動が起こりましたけれども、その時ロシアの学生達があの銅像に貼りつけたのがノンバイオレンス、非暴力という言葉でした。それから中国の天安門事件[11]があった。鄧小平[12]が弾圧して、あの時も流血の惨事が起こったわけですが、あの時も中国の学生達は非暴力を叫んでいた。そういう危機的な状況になったときに、ガンディーの非暴力が想起されるわけです。ただそれは残念ながら持続しない。二十世紀にはそれは持続しなかった。

加藤　うん。

山折　だけど二十一世紀は、そういうガンディーの非暴力というものを持続させなければならない。思想としてどうきちんと根づかせるかという、これは大問題だろうと思います。

加藤　ガンディーの非暴力思想は、非常に強い影響を与えてもいます。ガンディーは実際にインドの独立運動の中で、ある意味で暴力を使いさえすれば有利になれるような条件、暴力を使わないことによって不利益になるような

暗殺された。

★10　Martin Luther King, Jr.（1929―1968）　アフリカ系アメリカ人の牧師。一九五〇年代後半から六〇年代にかけての公民権運動の指導的立場にあって、ガンディーに触発され彼もまた非暴力闘争を展開。六三年、ワシントンのリンカン記念堂前での聴衆二五万人に向けてなされたスピーチ「私には夢がある」はあまりにも有名。翌年にはノーベル平和賞授賞。暗殺される。

★11　一九八九年六月四日、中国戒厳軍が天安門広場に繰り出して、当時この広場を占拠していた学生や労働者を武力制圧した事件。中国政府はこの後、民主化デモを「反革命暴乱」と非難するキャンペーンを展開した。

★12　とうしょうへい　一九〇二年―一九九七年。文化大革命（文革）により一時期失脚するも、毛沢東死後再び政界に登場。文革否定・近代化の路線を打ち出す。

状況であっても、あえて非暴力を主張するという政治的な選択をしてきたわけですね。

山折　うん、うん。

加藤　それと、いわば政治的な手段として非暴力を選ぶという以上の強い意味がガンディーにあったわけですよね。それはヒンズー教★13から来ているんでしょうか?

山折　ヒンズー教の非暴力は、私もそういう観点から見渡したことはないのですが、もっとネガティブというか消極的です。ガンディーはやっぱり独立運動の指導者として政治的な交渉力ということをも含めて、やっぱりそれを交渉の武器にしたと思います。相手がイギリス人ですから尋常一様なことでは交渉できない。一時は完全にイギリスの政治家達の判断を覆してしまうというところまでいくわけですから、それはすごい考え方だったと思います。

加藤　ガンディーの非暴力主義が、政治的な手段としてよく考えた手段であるということは分かるんです。まともに武力で抗争した場合には、すでにセポイの反乱★14以来、イギリスの武力には絶対勝てないということはよく分かっている。武力という手段で勝てないからという計算が私にはよく分かりますし、また独立運動の各派の中で武力を使った場合に、内部調整ができなくな

★13　インド国民の信奉する民族宗教でインド教とも言われる。初めはバラモン教と呼ばれていたが、四世紀頃にヒンズー教として成立を見た。多神教で、呪物崇拝や祖先崇拝などさまざまな要素を持っている。

★14　Mutiny of Sepoi（1857—1859）イギリス領インドで発生した反乱。東インド会社のインド人傭兵がイギリス人支配に反抗して決起し、一時はデリー

るかもしれない、片方が独走してしまうかもしれない。それとインド国内の独立後の統一ということを計算に入れた場合にも、非暴力でいった方がうまくいく。そういう政治的な判断としてガンディーが非暴力を選んだ事はよく分かる。ただそれ以上の強い非暴力の精神的意味はいったいどこから来ているかってことですね。

　非暴力はガンディーの場合に合理的選択です。しかし、禁欲的な自己否定の精神的エネルギーがなければ、この合理的選択は維持できない。理性は自立しているのではなくて、信仰の自己否定を下敷きにして、理性的選択が可能になっている。二十一世紀に望まれるのは、合理的な自己抑制、相互抑制だと先ほど述べましたが、そのような合理性が実際に発揮される条件はきびしいと思われます。合理的選択にも宗教的な自己否定が前提になるのではないか。理性は宗教的自己否定がなくても自立できるか。

山折　それはですね、先ほど言い忘れてしまったんですけども、ガンディーの場合、自分自身の欲望に対する非暴力を自分の身体において実現しない限り、自分の政治的な非暴力は完成しないという考え方なんです。その自分の身体レベルにおける非暴力はどういうかたちで実現できるのかというときに、ガンディーは断食という問題を持ち出すわけです。断食をすることによ

を占拠するも、イギリス側の弾圧で敗北した。この事件を契機に、イギリスによるインド植民地化は決定的なものとなった。最近は人権的・政治的配慮から「反乱」という言い方を避ける傾向がある。

ガンディー

って精神を浄化するという言い方をするんですね。断食という食物のコントロールが最終的に目指していたのは、おそらくセックスのコントロールだったと思います。

ガンディーにおいては、断食と性コントロールっていうものも裏表の関係になっている。だから南アフリカで非暴力のあの戦術、戦略を編み出したときに自分と奥さんとの夫婦の関係を絶つわけですね。そしてしかもそれを公にするわけです。性的な非暴力があってはじめて自分の政治的非暴力が力あるものになったということをいうわけですね。ここまで来ると、一体男っていうのはその性エネルギーをコントロールできるのか、できないのかということになってきます。これはやっぱり一万人に一人、一〇万人に一人の人間にしかできないことかもしれませんね。

禁欲主義ではない日本仏教

加藤　日本の仏教では、ガンディーとは正反対で子供を二七人作ったとか（笑）、すごい人がいるわけですよね。

山折　蓮如[★15]さんがそうですよね（笑）。

加藤　普通の人よりはるかに強いパワーを示して、宗教上の指導者として力

★15　れんにょ　一四一五年（応永二十二）―一四九九年（明応八）。室町期の浄土真宗の

を発揮した。この大谷ホールができたのもだいぶそのおかげかもしれませんけれども（笑）。それとも日本仏教は、ガンディーが持っているような強烈な自己否定性をどこかで捨てたんですかね？

山折　初めから捨ててますよ。日本の仏教というのは禁欲主義とは正反対のところをめざしてきた。大乗仏教がそもそもそうだ、と言ってるわけです。そのため日本は仏教をいくら受け入れても、結局は仏教文明を作ることはできなかった。

加藤　先生の今の話でちょっと疑問に思うのは、非暴力はまず自己のセックスのコントロールから始まる。非暴力主義によって平和が保たれるためには、まずセックスを維持しコントロールしなければならない。ところが先ほどの話だと日本で三五〇年の平和、二五〇年の平和が続いたのは日本仏教のおかげである。ところが日本仏教はセックスをコントロールをしないわけです。そしたら日本仏教でどうして平和が保たれるのか分からないじゃないですか。

山折　加藤さん、僕は仏教のおかげで平安時代の平和とか江戸時代の平和ができたなどとは言っていない。けれども江戸時代の仏教という場合に大切なのは、仏教の中の、おそらく日本でしか発達しなかった日本的仏教の部分な

蓮如　僧。本願寺第八世宗主で、真宗中興の祖といわれる。北陸地方を教化の後、山科・石山に本願寺を建てる。『御文（おふみ）』という書簡形式で思想を伝えた。十三男十四女の子女をもうけ、男子は地方の拠点に配し、後の本願寺大谷家および同教団の発展の基礎を築いた。

んですね。それが先祖崇拝です。先祖崇拝なんてものはインドにはないし、中国にもないし、発達もしなかった。ひょっとすると、そのことの方が先の「平和」の問題とかかわっているのかもしれない。

加藤 中国で、いわば儒教と接触したところから、祖先崇拝が仏教に入ってきたという説もありますがね。日本の場合には、伝統的な日本の古代社会の中にあった祖先崇拝と仏教徒が結合したっていうことが言えるんだろうと思うのですけど。

山折 禁欲主義的なラジカリズムというのは、かならず政治に対して強力なプロテストをするわけです。そういうことがなぜ無かったかと言えば、仏教がいわば欲望を緩いかたちで解放したからではないか、ラジカルな突出した運動を生みださなかったからだと思うんですね。そのために近代化が達成されたわけだけれども、ただ精神的な問題の重要なものが欠落したということがあるわけです。それにたいして東南アジアの上座部仏教★16というのはきちんと禁欲主義を守ってきた。

加藤 東南アジアの宗教にはなんかマゾヒスティックな感じがするくらい禁欲的である場面が多くて、我々から見るとこれはもういやだっていう感じがしますよね。体中ブスブス刺したりね、ああいうのに宗教性があるのです

★16 小乗仏教のこと。「小乗」とは「劣った乗物」の意味で、大乗仏教の側からの一方的な蔑称であるために、世界仏教徒会議の決定により、こう呼ぶこととなった。

か。

山折　それは一部だけです。東南アジアの上座部仏教っていうのは、もう少し政治経済の世界とうまくリンクしていると思います。それでも坊さんが尊敬されるのは禁欲主義を守っているからということがあるだろうと思うんです。それが社会の秩序のあり方や規範をも生みだしていった。そこから東南アジアにおいて仏教文明というものが成立したのではないか。そのようなことが日本ではおこらなかった。つまり仏教文明というのは成立していない。ここが大きな違いです。

加藤　日本で仏教文明が成立していないというのはどういう意味なんですか？

山折　いま言ったように、仏教が最も重要な禁欲主義的な方針を捨てたために、その仏教の生き方が日本人のライフスタイルにならなかった、仏教的な理念が結局のところ政治経済的なシステムの中に飲み込まれていったからだと思いますね。

加藤　その場合に、たとえば親鸞★17の悪人正機《あくにんしょうき》★18という考え方は、日本における戒律的な性格が弱まったということにたぶん大きな影響を持っていると思うんですが、その悪人正機説を取らない宗派もあるわけですよね。

★17　しんらん　一一七三年（承安三）―一二六二年（弘長二）。鎌倉初期の僧で、浄土真宗の開祖。法然の弟子となったが、朝廷による念仏停止に連座して越後に流罪。愚禿とも自称し、妻帯に踏み切った。主著に『教行信証』六巻、『嘆異抄』などがある。

★18　親鸞の言葉で、悪人こそ阿弥陀仏の救いに主たる対象であるということ。その思想は、『嘆異抄』に「善人なおもて往生をとぐ、いわんや悪人をや」と語られている。

山折　そうですね。

加藤　それなのに日本仏教のあらゆる宗派で戒律が弱まったというのは、どういうふうに説明がつくんでしょうか？

山折　それは加藤さんにうかがいたい。どうお考えになります？（笑）

加藤　私が思うには、西欧でも宗教が世俗化されやすいかたちと世俗化されにくいかたちがあって、日本の場合には初めから非常に世俗化されやすいかたちだったと思うのです。逆に言えば、戒律を強めれば強めるほど超世界的というか超世俗的な意識が強くなる。日本の場合には親鸞の系譜だけではなくて、すべての仏教セクトがみんな戒律を弱める方向に行ったというのは、一つは日本文化そのものが持っている体質もあるけれども、もう一つはやっぱり江戸時代のすべての人がどこかの宗派に属するという仏教政策の中で、仏教に対する政治的な保護が非常に行き届いたために、どうしても俺はこれでやらなきゃならないという自己主張も同時に消えていったんだと思うんですがね。

山折　不思議なことに、中国から伝わってきた仏教というものが日本の神道の世界にどんどん取り込まれていってしまう。仏教の重要な考えが神道的な感覚で染めあげられるというか、その中にすっぽりつつまれてしまうという

【インタビュー】ヒトラーや麻原彰晃も救済されるべきだと思いますか?

●山折哲雄

この設問は、現代社会に固有の愚問だと思います。設問者が神の救いを信じ仏の存在を信じているならば、ヒトラーや麻原彰晃は宗教的に救済されるべきだと考えるはずです。もしも信じていないならば、彼らのごとき「悪の権化」は何らかの刑で裁かれるべきだと考えているはずです。しかしながらこうした主体隠しの設問が世間に横行しているところに、現代日本の無神論的状況が象徴的に表れていると思います。

●加藤尚武

ヒトラーが、自分の信仰する宗教上の教理に基づく救済を求めているのでしょうか。麻原は救済を求めているのでしょうか。救済を求めていないとすれば、その可能性を論ずることができるのでしょうか。麻原やヒトラーに「悔い改めた者には救いの手がさしのべられる」という教義が適用できるでしょうか。その教義を掲げる教団の解釈の問題になります。「すべての人間に救済はもたらされる、ゆえに、麻原やヒトラーにも悔い改めたか否かに関わりなく救いの手がさしのべられる」という教義を認める宗教は存在するのでしょうか。私のようにどの宗教も信じていない人間には、「麻原やヒトラーに宗教上の救いが成立可能か」という問いに対しては、「どのような宗教なら救いをもたらしうるか。それはどのような教義に基づくのか」という問いがあるだけです。

ことがあるんですね。神道の力というものが仏教的な修行主義みたいなものを緩和して、非戒律的な生き方をもたらしたと思います。

それはいいとか悪いとかの問題ではなくて、結果として日本の社会の秩序とか国家の形成に役立っているというふうに私には見えるんです。一種の安全装置としての役割を果たしたと言ってもいい。そこから、神道とは何かという問題がでてきます。しかし実はこの問題の解答はある意味でものすごく単純なんです。すなわち、先ほど申しましたように、万物に生命が宿っているという感覚ですね。その感覚に立ち戻ると、ひょっとすると自然な形での自己コントロールといいますか、欲望コントロールのシステムがはたらき始めるかもしれない。ここですよ。しかしほんとにそうなのかって言われると、そうだと言いきれないところもありますがね。

加藤　万物に霊魂が宿っているというアニミズムの考え方ですね。これはよくヨーロッパ人はキリスト教の影響で早めに捨てたと言われるけれども、必ずしもそうではなくて、実際にはヨーロッパでも十九世紀の中頃まではかなり大きな影響力を持っていて、ロマンティシズム★19の中の自然哲学に流れ込んでいます。ロマンティシズムの自然哲学は必ずしも一部の人だけが支持していたわけではなくて、ヨーロッパの中での民間医療の形態などとも結びつい

★19　ロマン主義とも言う。古典主義や合理主義に対抗して、十八世紀から十九世紀にかけてヨーロッパで起こった感情と個性の自由な発現を求める思想・

ていて、非常に強い力を持っていたんです。それが二十世紀の初頭になって非常に極端に合理化された自然意識になったときに反アニミズムが完成します。例えば十九世紀のロマン派に対して罵詈雑言を書いている医学史の本が出てくるんです。

二十世紀の初頭の人たちは、物事に霊魂が宿っているという考え方に対してむきになって反発しているんです。西洋思想史はむきになって反発した人の書いたものばっかりですから、どれをとってみても西洋思想は合理主義をずっと貫いてきたんだとつい思い込んじゃうけども、それは実状と違ってると思うんですね。ただ西洋の正統派的な思想がアニミズムから離れたのは、やっぱりキリスト教の影響が非常に強かったんですね。

キリスト教と仏教における信仰的核心

山折 ただ、カトリック文化圏を歩いていると分かるんですね。フランスでもスペインでもイタリアでもそうですけれど、カトリックのマリア崇拝、★20 あれは日本の観音信仰とまったく変わりがない。マリアの魂に触れて病気を治すといったような、そういう基本的な信念体系みたいなものは全く同じですね。現世利益的でもあるしね。むしろ私はカトリック的なマリア崇拝という

文学・芸術運動。自由や無限性への憧憬を基調とし、不調和を厭わず、彩り豊かな生の魅力を追求しようとする傾向を有した。ロマンティシズムの思想は、ドイツ観念論においては、自然哲学のほかに、美学・芸術論にも大きな影響を及ぼしている。

★20 地中海沿岸地方で土着の地母神信仰と、キリストの母マリアへの信仰が習合して形成された。神学的に言えば、マリアはあくまで神ではなく、神の「母」である。マリア崇拝のブームが起こったのは五世紀以降であるが、カトリック教会はやがてこれを取り込み、聖母マリアに献じられた聖堂や修道院はかなりの数にのぼる。

なおわが国でも、キリスト教禁制の時代に、潜伏キリシタンたちの間で、観音像をマリアに見立てて崇敬するマリア観音信仰が行われた。

ものは、キリスト教以前の土着宗教というかアニミズム的な考え方と結びついていると思う。

加藤 実際カトリック教会でマリア崇拝に対する禁止令が出てるケースがありますね。それは教会の正統派から見るとあまりにも土俗的な要素が強くて、教会の正統派の教義と一致しないからですね。とくに地中海沿岸から南フランスにかけてのマリア崇拝のブームというのが起こった時期があって、教会はだいぶ手を焼いたという記録が残ってますね。

山折 以前、私はイスラエルを旅したことがあるんですけど、それはちょうどあのラビン首相(一九二二―一九九五)が暗殺される直前でした。イエスの歩いたところをちょっと辿ってみた。ナザレからガリラヤ、ヨルダン川を南下して、エルサレムに入った。ナザレからエルサレムまでずっと一望の砂漠ですよ。地上に何にもない。だから地上に頼るべきものは何もはない。頼るべきものは天上の唯一神しかない。それは自然に分かるんです。

加藤 ちょっとそれは問題あるんですが、安田喜憲★21さんが調べたら、レバノンのあたりは昔は杉がうっそうとしていて、今我々はガリラヤの砂漠だっていうんで砂漠の中をイエスがさ迷って、砂漠の精神でキリスト教ができたっていうけれども、実はあの当時そんなに砂漠がなかったと、そう安田喜憲さ

★21やすだ・よしのり　一九四六年(昭和二十一)―。広島大学助手を経て、現在国際日本文化研究センター教授。専攻は地理学、環境考古学で、とくに文明の盛衰と気候変動の関わりを研究。著書に『森林の荒廃と文

んは言ってました。

山折　言ってますよ。しかし、それは証拠がないんですよ。それはね。

加藤　しかし、安田さんは花粉を……。

山折　ただ、「聖書」で、イエスは「荒れ野」をさ迷い歩いたと言っているのは、どう考えたらいいんですかね。二〇〇〇年前のことですからよく分からない。しかし今の問題と関連させて言うと、私はインドに行ってお釈迦さんが生まれたルンビニからガンジス側の中流域など旅したことがある。そのお釈迦さんが活動した地点を歩いていますと、やっぱり砂漠地帯なんですね。よく原始仏教というのはかなり倫理に近い思想体系だと言うでしょう。それは乾燥している風土と関係があるかもしれない。だから釈迦の思想というのは宗教であるよりは、むしろ倫理に近いのではないかと。原始仏教というのはひょっとすると砂漠的な、乾いた思想だったのかもしれない。だからキリスト教は砂漠の思想で、仏教は森の思想だっていう二元論はかならずしもそうは言えないのではないかとも思うんです。けれども大乗仏教の段階になるとやっぱり森の思想的というか、そういうような要素がだいぶ増えてきますけどね。

同じように二〇〇〇年前、二五〇〇年前の地球の環境が安田さんが言うよ

明の盛衰』、『文明は緑を食べる』など。

うに、森がうっそうとしていたかどうかという問題が一つ残るけれども、思想の内面的な世界ということで言うと、イエスの考え方、釈迦の考え方に共通性が出てくるかもしれない、と私には見えるんですね。神秘主義を拒否する、非合理主義をできるだけ排除する、そういう考え方も共通していると思います。

加藤　お釈迦様の場合には、私は鬱状態の王子様が家出して作った宗教だと思うんだけれども（笑）、六師外道《ろくしげどう》★22なんていう（外道なんて失礼な話ですけれども、すごい思想家がずいぶんいたという感じです）すごい思想家と出会ってこの自分の思想を作っていくわけだけれども、そのときお釈迦様は怪しいものは信じないっていう懐疑主義の考え方が強かったと思うんです。

山折　そうですよ。

加藤　お釈迦様が信仰を作ったっていう言い方をされると、ちょっと待ってくださいよと言いたくなります。お釈迦様は、信じないっていう態度をまず作ったんじゃないか。だから仏教が信仰を作ったっていうのは誰かが信仰にすり替えちゃったのか、もう一つの解釈は、お釈迦様は実践的懐疑主義っていうのだけども、本来は怪しいものは一切信じないし答えは出さない、その路線を徹底的に貫く中で魂に救いをもたらすにはどうしたらいいか。それ

★22　古代インドにおける思想界の六人の代表者で、「外道」というのは仏陀から見た表現。懐疑論者、唯物論者、宿命論者、無道徳主義者、苦行主義者などさまざまな思想傾向を有していた。

が、私がイメージするお釈迦様の宗教なんですね。

ところが実際そこから出てきたものを見ると、あれを信じろ、南無阿弥陀仏と唱えるとあの世へ行けるとか、蓮の花が降ってくるだとか、紫の雲か何かが立ち込めたとか、ああいうのはみんなお釈迦様から見ると信じてはいけないというか、それについては何も言うなって固く言うのが本当のお釈迦様の精神ではないかと思うんですけどね。

山折 釈迦の教団というのはひょっとするとソクラテス★23をとりまく学団のようなものだったかもしれない。それはエリートの宗教っていうか、一種の思想運動であって、それだけでは一般化しないですよ。やっぱり訳の分からない呪術的な信仰も取り入れていかないと大衆化はしない。そこで「念仏」のようなものが出てきたり、「題目」のようなものが出てきたりとかというこ とになるわけです。

加藤 宗教の持っている精神性そのものと、みんなで寄ってたかって作っちゃった精神性みたいなものとの間にいつもずれがあるという感じがします。

――今、宗教の一番核心的なところに入ってきたかと思うんですが、司会進行役というのはある意味では水を差す役でもありまして、ここで今までの対

★23 Sokrates（470 BC―399 BC） 古代ギリシアの哲学者。著書を一つも残さなかった。その思想は、プラトンの対話篇やクセノフォンの著作などを通して（どちらも多分に潤色が施されて）、伝えられている。彼自身は、自らは知者ではなく、知を愛する者と称した。「汝自身を知れ」という言葉は有名。ソクラテスはアテネの街頭で市民と対話することを好んだが、彼の周囲には若者たち（プラトンもその一人）が一種の弟子集団のようなかたちで形成された。「ソクラテスをとりまく学団」とは、このグループを指している。

ソクラテス

談はひとまず水入りということにしなくてはなりません。実際どこにどう展開していくのか分からないのが対談の不安材料であり、おもしろさであるわけです。

宮本武蔵と佐々木小次郎の話から始まって、最後は悟りか信仰か、非常に精神性の高い聖者の悟りなのか、それを大衆のレベルで受け入れるという民衆の宗教的信仰なのか、この両者のギャップ、乖離、このあたり一体どうなっているのか、まあそういう所まで展開していきました。実際この対談にはとりたてたシナリオも何もありません。ある意味で出たとこ勝負で、きわめて大胆な企画なんですけれど、お二人の先生方は対談の名手であられまして、片方がお話されているときは片方はコーディネーター役をつとめられるというようなかたちで進行してきたかと思います。

たいへん具体的で明快な議論の内容で、示唆に富むお話だったと思います。それでとくに私がまとめることもないんですけれども、最初は大きなところでまず生命問題、それから環境の問題ということでお願いしますとだけ申し上げておりました。それは結局相互に交錯しあう問題であって、人間生命を問うということは人間環境を問うことでもあると、そのとき宗教の出番はあるのか、それともないのか。食べて出すこと、そしてセックス、これは

【インタビュー】

二十一世紀以降の宗教や哲学（倫理学）には、どのようなことが求められるのでしょうか？

●山折哲雄

二つの方向が考えられます。一つは、ブッダや孔子やソクラテスのような、「古典的」な人間の生き方やライフスタイルについての新たな探求の試みが始まるだろうということです。これは人類の歴史を二〇〇〇年のタイムスパンで総点検するということを意味するでしょう。もう一つの方向は、今から五〇〇〇年前、一万年前の地球上にはどこにおいても、万物に生命が宿っているという信仰が生きていたということの確認の仕事です。おそらくその感覚こそ我々の深層に眠っている根元的な生命感覚であって、それこそが人間と自然を連結するもっとも普遍的な意識であったと考えます。これからの宗教や哲学が第一に取り組むべき検討課題ではないでしょうか。

●加藤尚武

戦争、暴力、人権蹂躙をなくすための具体策が必要です。そのためには、宗教を持つ人も、宗教を持たない人も、すべての人が宗教の外に出て、原則を確立する必要があります。人々が、宗教の外に出られないうちは、争いが絶えません。一つの宗教に何らかの発言権を認めれば、他のあらゆる宗教にも発言権を認めなくてはなりません。世界をつなぐ共通の言語は、科学の言葉です。科学の言葉で「安全性」を定義して、まず世界中に安全性を確立しましょう。人間の安全性でいいのです。人間の安全性をまもる協力の輪を広げていくことで、人類は醒めた目で自分を見つめながら、粘り強い努力を積み重ねて、本当の意味で安全な地球をつくりだすでしょう。

人間が生きている限り常につきまとうわけですけれども、そうした問題がここでは飢餓耐久力の可能性としての断食の問題、あるいは自分の身体への非暴力が政治的な非暴力の根底にあるという問題に展開していったわけです。

この二つの事柄は、ガンディーに見られるというのが山折先生の指摘でありました。これに対して、加藤先生はむしろ世界全体に対する合理的な、合理的とは特定の宗教信念にかかわらず、理性的に考えて万人に納得しうる、通用しうるという意味だと私は思いますが、コントロールの問題として、私たち二十世紀の人間はこの地球環境の問題を解決するために、また後に続く世代のために何ができるのかと問題提起をされました。

話の中ほどにコンドームという道具でエイズ、人口爆発を解決していくのか、それとももっと基本的な欲望、あるいは自己のコントロールによってつまり意識改革によってそれを変えていくのか、こういう問題も出たかと思います。これは、私たちが何をよりどころにして生命や環境の問題に取り組んでいくべきか、という来世紀に向けての宗教と哲学の根本に関わるところではないかと思うわけであります。本当にこのいちばん核心的なところで水入りしなければいけないのは申し訳ないことなんですが、ここでしばらく休憩を取らせていただきます。

Ⅲ　宗教は二十一世紀に平和をもたらすのか？

――それでは公開対談の第三「二十一世紀の宗教と哲学」ということで総括的な対談をしていただければと思います。どうぞよろしくお願いします。ご講演の中でもちろん示唆はされましたけれども、それでは二十一世紀に向かって宗教や哲学・倫理（学）が何を果たすべきか、どういう可能性を持っているのかということが、私どもとしても、もう少し明確に知りたいなと思うところであります。

資料の中の「両先生への質問」というところの一三という項目に、「二十世紀は宗教や哲学（倫理学）にとってどのような時代だったのでしょうか」（二六―二七ページ参照）という質問を山折先生、加藤先生にさせていただきました。山折先生は、二十世紀というものは宗教や哲学がニヒリズムの猛威に襲われていく時代であったと指摘されています。先ほどの対談にも出てきましたけれども、山折先生のご発言として世界宗教、キリスト教にしろ仏教にしろイスラム教にしろ、今日世界規模で起こっているさまざまな環境問題や民族紛争に対して何ら解決のための処方箋を書く事ができなくなっている。その意味で世界宗教は歴史的生命を終えつつあるけれども、しかしそれに代わる宗教、万物に生命が宿っているという宗教、これが二十一世紀に求められるという話だったかと思います。

　加藤先生の方は、こんなことをお書きになられてます。二十世紀は哲学にとって無駄足の多い時代であったと。しかしそれにもかかわらず、二十世紀でものの見方がすっかり変わったという事例はいろいろあるとして、五点ほどお書きになっておられてます。一つだけ紹介しますと、例えば一九七二年にローマクラブ★1の『成長の限界』★2という報告書が出ましたけれども、人類の文化が無限に進んで行くという信念が終わりに近づいている。そうしたときに、人口変動期の文化ではなくて人口安定期の文化、これが二十一世紀には非常に強く求められているのではないか。我々の地球環境も決して開かれたものではなく、また無限に開発可能なものでもなくて、閉ざされた有限なものだからです。

　しかし二十世紀になって科学技術の進歩により、私たちは宇宙からこの地

★1　一九七〇年に設立された民間組織で、一九六八年ローマで初会合したことからローマクラブと称するようになった。人類の生存の危機について研究プロジェクトを展開し、その成果が『成長の限界』として著された。

★2　一九七二年にローマクラブが出した「人類の危機」の報告書。現在進行中の幾何級的成長が有限な地球環境の限界に達

球を眺めることができたわけです。ですから開かれた宇宙から閉ざされた地球を眺めるという視点をも持つことができたわけです。そうしたときにいかに合理的な処方箋を哲学・倫理学として出しうるのだろうか、こういう問いかけが出されるのではないかと考えられることになります。

そういったことを踏まえまして、対談の続きをまたよろしくお願いいいたします。

近代日本におけるヘーゲルの紹介と受容★3

山折　先ほど私は、加藤さんに乗せられて随分しゃべらせられてしまったんですが、今度は私が加藤さんを乗せる番でありまして（笑）、少しお話をうかがわなければならないと思っております。

先ほどのご紹介にありましたように、加藤先生は、わが国のヘーゲル学の最高水準をいく方であります。それだけではなく世界水準を今目指しておられると思いますが、ヘーゲルという哲学者が日本の戦後の思想界に与えたものは、明治以降と言っていいかもしれません、非常に大きいと思いますね。その辺のお話をうかがいたいと思います。

加藤　明治期の哲学者で、井上哲次郎★4だとか井上圓了★5だと、もう西洋はヘー

しつつあることを予測し、世界中に大きな衝撃を与えた。

★3　六四ページ参照。

★4　いのうえ・てつじろう　一八五五年（安政二）—一九四四年（昭和十九）。明治・大正期の哲学者で、東大教授を務めた。ドイツ観念論を輸入し、わが国哲学界におけるドイツ哲学重視の端著を作った。

★5　いのうえ・えんりょう　一八五八年（安政五）—一九一九年（大正八）。明治・大正期に活躍した在野の哲学者。哲学堂を建てたり、数多くの著書を刊行して、哲学の民衆への普及に尽力し、また自らは東西の思想を統合しようとした。哲学館（現在の東洋大学）を創立。『井上円了選集』全一一巻（東洋大学）がある。

ゲルで極まったと思ってるわけです。ですからヘーゲルを乗り越えさえすれば西洋は乗り越えられるだろうという意識が強烈だったんです。それは井上哲次郎がドイツへ行ったとき、ちょうどヘーゲル学派がヘーゲル中心の哲学史を書いていて、ヘーゲルの株が高くなっていた時期なんです。

井上哲次郎は九州の方ですけれども、ものすごい語学の天才で、九州で中学生のときに英語の学校へ行って英語の先生に英語を教わったらすぐ逆転しちゃって、先生が哲次郎に英語を教わるようになってしまったというぐらいの人で、しかも文学にも達者な人でした。明治時代の外国の詩を紹介した有名な文集★6がありますけれど、その中でも彼は英語の詩の翻訳を載せています。すごい優秀な人だったと思うんですが、それが西洋の頂点はヘーゲルだという考えを持ちかえってきたわけです、しかし、哲次郎先生もちょっとヘーゲルの文章を解読するのにはてこずったと思うんです。

一方、必死になってテキストに噛みついて読んだのが清沢満之★7だと思うんです。清沢さんはかなり独断的な人だというか、ずいぶん自己流の人で、自分のノートブックに丸を書いたり、三角形を書いたり、文章に点を打ったたり、棒線を打ったりしてすさまじい自己流のヘーゲル像を作ったんです。正・反・合★8、正・反・合、正・反・合でもってすべては発展していくという、

若き日のヘーゲル

★6　『新体詩抄』

★7　きよざわ・まんし　一八六三年（文久三）—一九〇三年（明治三十六）。明治期に活躍した浄土真宗の思想家。宗門改革に尽力し、真宗大学（大谷）の学長に就任するも、一年で辞職して、その後は求道生活を送る。雑誌『精神界』を刊行して「精神主義」を提唱した。

★8　正命題と反対命題が止揚されて高次の合命題となるとい

今よくヘーゲルがこうだっていうふうに言われている原型は、清沢満之が作ったと思います。

西田幾多郎[★9]は、私はヘーゲルを読めなかったと思うんですよ。西田先生の書いたドイツ語の日記があるんですけど、あのドイツ語の日記を読んでると、これでヘーゲルを読めるはずが絶対にない。また本を買って、現在京大の図書館に保管されてますけども、最初の数ページに薄く鉛筆で線を引いたぐらいで後はまっさらなんですよ。

山折　はっはっはっ。

加藤　田辺元[★10]という人はすごい先生でね。よくまあ『精神現象学』[★11]という書物の普通読まないようなところにも、ちゃんと丹念に単語を引いてこの単語がこれを受けていているとか書いて読んでいるのですね。ですから日本で西洋の哲学を本格的に勉強した人は田辺先生です。西田先生は人が書いたものを使っては「そうそう、西欧哲学というものはこういうもんでな……。」とか言って、孫引きでもって話をする大家でした。本気になってしがみついて読んだ大家が田辺先生だと思うんです。

日本人のヘーゲル観の中で、西田・田辺の言う、世界は西洋畑の論理が支配しているという考え方はヘーゲルが代表していて、ヘーゲル型の論理支配

う俗流弁証法のモットー。加藤氏のこの科白のように、一種の気合とともに語られることが多い。

★9　にしだ・きたろう　一八七〇年（明治三）—一九四五年（昭和二十）。近代日本の代表的哲学者の一人とされる。いわゆる「京都学派」を創立した。禅体験をふまえた「絶対矛盾自己同一」の境地を提言した。『西田幾多郎全集』全一九巻（岩波書店）がある。

★10　たなべ・はじめ　一八八五年（明治十八）—一九六二年（昭和三十七）。哲学者で、京都大学教授を務めた。西田幾多郎の影響を受けて、絶対弁証法に到達し、晩年は種の論理を唱えた。『田辺元全集』全一五巻（筑摩書房）がある。

★11　ヘーゲルの代表的著作の一つで、彼が三十七歳のときの一八〇七年に刊行された。若きヘーゲルが「真理の体系」を企図し、絶対知へと至る人類の精神の形成過程を辿ろうとした書物である。

とは違う東洋思想を考えなければいけないという西洋思想の理解を、弁証法的論理の支配というかたちでつかまえた。その考え方の影響力が戦前の日本ですごく大きかった。だからヘーゲルの論理を超えれば西洋が超えられるという意識が強かったと思うんですけれども、正確にヘーゲルを読んでいたわけではないわけです。

戦後になるとマルクス主義[★12]が圧倒的な影響を与える時代になりました。私もそうなんですけれども、マルクスのテキストに注釈を書くためにヘーゲルを読むという傾向が強かったんです。結局、マルクスがえらいと思ってヘーゲルを読んでるわけですね。しかし今はヘーゲルの文献学的な事情がすっかり変わりまして、ヘーゲルの残した本でお弟子さん達が編纂したものはヘーゲルが書いたのと同じではないことがはっきりしました。例えば『宗教哲学』[★13]を最近調べたらヘーゲルの言葉とまったく無関係なつぎはぎが多くて、ほとんど元どおりのものとはずれてるっていうことが分かったんですね。

山折　はあ……。

加藤　ヘーゲルの思想は今すっかり洗いざらいで調べ直すことになりました。おそらく西洋の近代思想はヘーゲルでピークを迎えるというのは、もう取り下げです。ヘーゲルで西洋哲学がピークを迎えたらいいなと思ってた人

★12　カール・マルクスとフリードリヒ・エンゲルスの思想に由来する科学的社会主義思想。科学性と同時に、階級闘争と革命的性格を有している。社会主義の国際的発展とともに、この思想は社会主義諸国の公式の指導理論となっていった。

★13　『宗教哲学講義』として、一八三二年にヘーゲルの弟子が遺稿やノート類をもとに編集・刊行した。その後改訂版が出された。

はいたんですけれども、ヘーゲル哲学はそんなにうまくまとまって完成していたわけではなく、そうとう支離滅裂ないろんな考え方の集まりでした。それをお弟子さん達が持ち上げて持ち上げて、近代思想はヘーゲルがピークだというイメージを作っちゃった。お釈迦様ももしかしたらそうかもしれませんですよね。お釈迦様はもっとずっと素朴な分かりやすいことをおっしゃっていたのに、お弟子さん達が持ち上げて持ち上げて哲学的宗教ができちゃったというのと同じことなのかもしれません。

山折　それは、弟子というものは師匠を必ず裏切る存在だということなのですね。そりゃそうでしょ。

ヘーゲル的な弁証法っていうのは戦前では特に進化論と結びついて、進歩史観[★14]と結合していったということはありませんか？

加藤　そうですね。スペンサー[★15]という人がいて、これがまた強烈な進化論者だったんですね。しかも何でもよく勉強していて、もともと工学部系の人なんですけども生物も勉強している、機械工学も勉強している、哲学も勉強している。そしてでかい本をバカーンと書くわけです。たんに生物だけではなくて、すべてのものが進化してより高度なものへと分化して、さらにまたそれが分化し続けていくというイメージがあって、そのスペンサーの思想が西

★14　人間社会は次第に進歩していくという歴史観。もともとはユダヤ・キリスト教の終末論から由来しているが、十八世紀の啓蒙主義や十九世紀の社会的ダーウィン主義により明瞭な形を取っていった。

★15　Herbert Spencer（1820—1903）　十九世紀イギリスの哲学者で、ベーコン以来の経験論哲学の集大成ともいうべき『総合哲学体系』全一〇巻を樹立。星雲の成立から人間社会の道徳的原理の展開までを、すべて進化の原理に基づいて説明しようとした。これはダーウィンの生物進化論と結びつき、十九世紀後半の思想界に大きな影響を与えた。

洋思想を学んだときの一番分かりやすい図式でした。このスペンサーとほとんど軌を一にするものとしてヘーゲルが考えられていて、スペンサーよりもっと奥が深いんだと見られていたと思います。

二十一世紀、進化論の行方

山折　どうでしょう。二十一世紀、そういう文脈で進化論の行く末を考えた場合、進化論的なものの考え方は今後ますます根強く生き残っていくのか、あるいは大きく軌道修正されるのか、といったあたりはどうでしょうか。

加藤　進化論という考え方は、今ではＤＮＡ[★16]という言葉と結びついていて、どういう進化を遂げたかということを実際にＤＮＡを調べるとだいたい分かってくるようになるわけです。日本ザルはどこの国のサルと一番親戚関係になってるとか、山折先生と私がどのくらい親戚関係かなんてそのうち調べられるかもしれませんけれども、藤原三代[★17]のＤＮＡというのをミイラからとってきたりして、進化論はＤＮＡ学になることによって実証的な性格が強まってきたわけです。ですから進化というものが、実際にあったかなかったかという議論は、進化があったっていうことがほとんど確実視されてきたと思うんですけども、これから先、生物がどんどん進化していく、文化が進歩し発

★16　デオキシリボ核酸 deoxyribonucleic acid の略称。四種類の塩基からなり、遺伝子の本体とされている物質。その生物個体の遺伝情報が分子構造の中に含まれている。

★17　平安後期の奥州の豪族で、藤原清衡（きよひら）・基衡（もとひら）・秀衡（ひでひら）の三代の藤原氏を指す。清衡が建立した平泉の中尊寺には、藤原三代のミイラが安置されている。

展していく、生物もまたさらに進化していくというふうに、自然界の動きと人間の文化とが連動しているという見方は成り立たないと思うんです。
　DNAの構造の安定度は、人間の文化の進歩とは違う。たしかに変化はしているけれども、それは三〇〇〇万年という単位で動いてるものなので、それに対してあと一〇〇年先で石油がなくなるとかどうかと心配しているのが人間の文化です。結局、十九世紀の物の見方は自然の世界も文化の世界もみんな同じ年表の刻みでもって進化する、進歩すると考えていたのに、もう自然は三〇〇〇万年という単位で動いてて、人間の人口が急速に増えたりして、一〇〇年といった単位で動いているというように、あらゆる歴史的変化の波動の長短は違っているのです。そのことが分かったのが二十世紀が到達した歴史の集約点ではないかと思います。

山折　あれ、たしかバーナード・ショー[★18]だったか、「進化は退化だ」ということを言っていました。

加藤　そうですね。

山折　進化は退化なんだけれども、そうであるにもかかわらず進化の契機を重視するという時代が二十世紀で、ひょっとすると二十一世紀というのは進化は同時に退化なんだけれども、その中の特に退化の視点を重視していかな

★18　George Bernard Shaw (1856—1950)　イギリスの劇作家・批評家。マルクスの影響を受けて唱えた独自の創造的進化論の哲学は、『人と超人』（一九〇三年）などに見られる。

ければちょっとやっていけないような時代かと……。

加藤　まあ結局全体のバランスということじゃないでしょうか。いままでは局部的に見て上がり坂だってなると、どんどん上がっていくんじゃないかと思っていたんですけども、女性のスカートがどんどん短くなっていって、ずっと短くなっていったらそのうち素っ裸になってしまうということはないんです（笑）。循環型の変化と、一方向型の変化との組み合わせで歴史は説明されるというふうにいっていますが、この一方向型の変化は、もの作りの量が増えていくということが進歩だと思ってたんですね。

ところがもの作りの量が増えれば増えたぶんだけ廃棄物の量が増えていく。となると進化は同時に退化でもある。全体のバランスを見ながらでなければ何もできなくなってしまうという、全体のバランスが重視される時代にならざるをえないと思います。

山折　私はある動物学者からうかがったことがあるんですけど、日本のサル学というのは世界で最高水準だというんですね。なぜそうかといった話になったときに私が考えたのは、進化論的な立場からしますと人間というのはサルが進化したもので、したがってサルというのは人間よりも劣ったものだ、だからなかなかサル学というものは西欧世界では日本ほどあまり盛んにはな

らない。
ところがそれに対して、人間に対する日本人の考え方の基本には、人間もサルも同じだっていう認識がどこかにあるわけです。これは仏教的思想が関係あるかもしれませんけれども、そういう人間観、動物観、自然観というものが背景にあって、その違いが一つベースにあって、日本のたとえば京都大学の霊長類研究所といったところがサル学[★19]の世界的水準を達成するわけです。向こうはなかなかそうはならない。ということは、逆からいうと西洋世界というのは今後ますますやっぱり進化論的な思考にしがみついて、一種のこれが普遍的原理だといって主張していくのではないかという気がしますけどね。

加藤　むしろ私は、西洋人も今や日本型サル学にどんどん参入してきているのではないかと思います。日本のサル学というのは、今は紛争が多くなったのであんまり調査に入れなくなりましたけれども、南アフリカのピグミーチンパンジーと一緒にサルと人間とが暮らして、サルの家族から見ると変な養子が来た、新しいやつが入って来てうちの養子になっちゃったという関係になるようなかたちで、家族の一員に入ってしまうわけですよね。そういうかたちでサルの家族関係を記述していくというのが日本人の得意芸ということになったわけですが、しかしそれを始めたのはイギリス人なんです。今はそ

★19　日本のサル学は京都大学の霊長類研究所から始まる。終戦直後、今西錦司らが九州の幸島、高崎山などで野生の日本ザルの研究を進めて発達した。その後五〇年を経て、世界のサル学は、対象となる種や研究の方法論を含めて、質量ともに飛躍的に進歩してきた。その間、日本のサル学は絶えず世界のサル学研究をリードしてきた。こうした消息については、立花隆『サル学の現在』（平凡社、一九九一年、文庫版では文春文庫〔上下二巻〕、一九九六年）に詳しい。

ういう動物観察学というのが非常に盛んになって、たとえばオオカミの行動っていうのは、オオカミはちゃんと記号体系を持っていることが分かるようになりました。「男はみんなオオカミよ」と言うけど、オオカミほど紳士的な動物はいないとかですね。

山折　ははは……。

加藤　そういうふうなことがよく分かってきて、動物行動学が今までの人間と動物との敷居を取り払っていくということが非常に多く行われて、西洋人も一緒にやっているし、むしろ西洋人の業績の方が優れた面もずいぶんあると思います。たとえばローレンツ★20の動物行動学なんかがそうでしょう。

西洋人もまたある意味で人間優位の思想を捨てつつある。動物と同じ視点に立って動物を観察する。そういうことが行われるようになってきたと思います。ですから西洋型はこっちでいく、東洋型はこっちでいくっていうよりは、むしろ西洋も東洋も、ともにちょっと東洋寄りになるのかなと思いますけれど。

差別意識の東西比較

山折　そうですね。それはまあ今後そういかざるをえないと思います。アメ

★20　Konrad Lorenz（1903—1989）　オーストリアの動物行動学者。カモなどのヒナドリが生後きわめて初期の段階に行うやり直しのきかない学習、すなわち「刷り込み」効果についての理論が、よく知られている。主な著作に『動物行動学』『人間性の解体』『攻撃』など。一九七三年度ノーベル医学生理学賞を受賞。

ローレンツ

リカの日本の近代史の研究家でジョン・ダワー（一九三八―　）という人がいますよね。この人が『人種偏見――太平洋戦争に見る日米摩擦の底流――』という書物を書きました。これは原語は“War without Mercy”だから「仁義なき戦い」ってやつで、人種が存在する限り、民族が存在する限り、偏見はなくならないだろうという仮説で議論している人ですけど、第二次世界大戦中、その欧米の人間が日本人に投げつけた差別語の代表的なものは、「サル」だったのです。だから当時の『ニューヨーク・タイムズ』を始めとする、向こうのジャーナリズムに登場していた、例えば天皇の姿というのは眼鏡をかけて、出っ歯でといったようなことで、限りなくサルに近くなっているのですね。その一方で第二次世界大戦当時、日本人が投げつけた人種差別語というのは鬼畜米英です。「鬼」なんですよね。我々は鬼と言って、ルーズベルト★21とかチャーチル★22を差別し、侮蔑したわけです。

加藤　当時の新聞のマンガで角はやして、毛を生やしてるルーズベルトをよく見ましたよね。

山折　それをジョン・ダワーは言ってるわけですよね。この人種偏見の根は深いということを言っていて、私はそれを読んだときに、その背景にはやっぱり人生観というか、人間観の違いが横たわっていると思ったんですけれど

★21　Franklin Delano Roosevelt（1882―1945）　アメリカ第三二代大統領で、一九三三年から一九四五年まで任期を務めた。ニューディール政策を実施して、大恐慌を切り抜け、第二次世界大戦には連合国の戦争の指揮と戦後の平和確立に尽力した。終戦を前に急逝。

★22　Sir Winston Churchill（1874―1965）　イギリスの政治家で、第二次世界大戦のときには首相となり指導力を発揮した。著書に『第二次世界大戦回顧録』など。

も、戦いの面からいったらサルは鬼にかないませんよね（笑）。だから負けたんだけれども、しかしそれはやっぱりサルは俺達と同類だという認識が我々にあったということでしょう。そして、鬼だって人なんですよね。この仏教的な考え方というか、日本人的な考え方からしますとですね。戦いには負けたけれども……。

加藤　山折さんでは、だいたい西洋文明はずっと西洋型でいって、東洋文明はずっと東洋型でいくだろうというイメージが強いというように私は思うんですよ。

山折　そうそう、そういうのある。

加藤　私は、両者は接近しつつあると思っているんです。西欧人が、例えばアメリカインディアン[★23]が人間であるかどうかということを昔、問題にしたことがありましたね。世界で人間と言われているものが本当に生物学的に見て全部人間であるかという問題とか、それから巨人族は存在したかとか、小人は実在したかだとか、大真面目に問題にしたのですよ。人間について今我々は、例えばオーストラリアのアボリジニ[★24]で数を数えるのに四つ以上数えられない人がいたって、これは人間だと思いますよね。ところがそういうのを見て、西洋人はあれっ、人間かな？　と、思ったわけでしょう。生物学的に見

★23　大航海時代においてアメリカの先住民族がヨーロッパ人たちに「発見」されたが、あまりに風俗習慣の相違と人種的偏見により、自分たちと同じ「人間」であるか論争が起こった。

★24　先住民の意味。ヨーロッパ人等の渡来以前からオーストラリア大陸に居住していた狩猟・採集生活を営む先住民の総

て、人類という概念が確立されるのが西洋では十八世紀くらいですね。
東洋の場合には、たとえば夷狄《いてき》★25だとか、中国の周辺民族に対する差別用語がウジャウジャあります。日本の国内だっていろいろ差別用語がありますね。だけど生物学的に人間だと言っているものは、みんな人間だと思ってます。だからその意味では、東洋の方が人間についての普遍的な意識の成立が安定していたということは言えると思うんですけども、しかし西洋人が、もうあれは人間ではないとまた思い直すかということはないですね。人種差別の中にある、あれは人間以下の存在だと人間を見下そうとする気持ちが非常に強い。それは確かなんです。だけども東洋人が人種差別をしないかと、東洋人は差別をしないかと言うと、そんなことはまったくなくて、西洋人とは違ったかたちの差別があるわけです。

山折　そりゃ、やってますよ。

加藤　西洋人の差別は目立つけど、東洋人の差別は目立たないとか、観察の能力の違いもあると思うんですね。ですから私はあまり文化意識のデリケートな話はしないで、ともかく権利という概念を確立するとか、法律制度をしっかり作るとか、抜け道を作ったやつを処罰するとか、そういったことをきちんとやっていく以外にないし、そういうものをどこまできちんとできるか

称。アボリジンとも言う。
★25　「夷」は東方の未開人。「狄」は北方の未開人。辺境の人や外国人を敵視したり、軽蔑して用いる呼称。

という事の方が重要だと思います。

山折　そのとおりですね。

宗教は差別意識を克服できるか

加藤　先生、それから女性差別というのもありますよ。インドなんかひどいんじゃないですか?

山折　インドのカースト制度★26っていうのは、地球上で一番人間を差別する徹底した体系ですね。それは西洋からではない、東洋から生み出されているわけです。あれはたいへんな問題だと思いますよ。その基本は女性差別にあります。

加藤　そうですよ。儒教ではね、人間と人間の血のつながりというのを書いて世代から世代へずっと血がつながっていくというけど、それは男だけでしょう。我々はすぐに人種差別だというと、あれは西洋型差別で、東洋に差別はないみたいな話をしたがるけれども、全然違うわけです。

山折　違いますよ。

加藤　やっぱり一番ひどいのはインドですよね。

山折　インドですね。

★26　インドにおける階級差別制度。その起源には、職業の分化、アーリア人の侵入、原始宗教の制度など諸要因が挙げられている。これらの要因を結合させ、階級制度として確立したものが、司祭階級とその指導のもとに成立したヴァルナ制度だと言われる。このヴァルナ制度がいわゆるバラモン（司祭）、クシャトリア（王族・武士）、ヴァイシャ（平民）、シュドラ（奴隷）の四姓であり、これらの間では職業や交際や婚姻などが規制されていた。ここからさらに数千の亜カーストが派生しており、ヒンズー教がこれを強化した。
　インド独立（一九四七年）後の憲法では、カーストによる差別が禁止され、また差別解消に向けてさまざまな社会改革が試みられているが、今日なお慣習的な差別は根強く残っている。
　なお女性差別に関して言えば、高額な結婚持参金の強要や、ヒンズー教の風習として寡婦焚死（サティー）などが挙げ

加藤　例えば一九九八年度のノーベル経済学賞をもらったアマーティア・セン[★27]が、インドと先進国とのいろいろな比較があるけれども、どこの国だって女性の方が長生きなのにインドだけが女性の方が長生きではない。理由はなぜかというと、インドでは十二歳の子供が病気になったとき、男の子だったらお医者さんに連れて行くけれども、女の子だったら水を飲ませて我慢させてしまう。それで死亡率そのものが男女で全然違う。人間の持っている生きるための一番基礎的な能力についてのこういう差別を止めるってことが、まず大事だと言っているわけですね。インドの宗教は差別を保存するんですか、止めるんですか。宗教が差別を保存する方向に向かうという心配があります。

山折　最後になって大問題が出てしまったのだけれども、まあ私は宗教がそもそも女性を差別するものだったのではないかという疑いを非常に強く持ちますね。イエスだって独身を通した。釈迦は家族を捨てました。そもそも修行者は女性を退けて修行をするわけです。宗教が宗教であるためには女性を差別するということが大前提だったという歴史があるわけですね。それをどうするかっていう問題がある。これは宗教の側から必ずしも十分議論されてこなかったと思います。

られる。

★27　Amartya Kumar Sen（1933— ）インド人の経済学者で、オックスフォード、ハーバード大学の教授を歴任。死者三〇〇万人と言われる「ベンガル大飢饉」（一九四三年）の悲痛な経験に促されて経済学を志す。著書に『集団の選択と社会の厚生』『不平等の経済理論』『福祉の経済学』など。

セン

加藤　しかし、宗教が女性差別を止めたら宗教性がなくなってしまうんですかね。そんなことはないと思うんですけど。

山折　だからそういう宗教は駄目だと。歴史的生命をすでに終えたんだと思いますよね。

加藤　歴史的制約にすぎない女性差別をいつまでも背負い込んでいるのは、本当に自分の精神性というものをよく知らない宗教です。そのような宗教はまだ成長が足らないのではないか、自覚が足らないのではないか。

山折　それはそう思います。だからおそらく二十一世紀というのは、民族の契機と宗教の契機をどう乗り越えるか、というところにすべてがかかっているという気がしますね。

加藤　炭酸ガスの排出をどうするかという問題などは世界中で寄ってたかって対策を立てなければ駄目なのですから、そういったものがきちんと決着がついたときに、自分は仏教徒だとか、自分はヒンズー教だとかという具合に、それぞれの宗教者が、もっと充実したかたちで一人一人の内面性を豊かにしていくという可能性もあるのではないのですか？

山折　そう思いますね。

加藤　ですから、宗教が出てこないと世界は平和にならないというよりは、

［インタビュー］

女性蔑視的要素を教義のうちに含む宗教が多いように思いますが、どうでしょうか？　また、倫理学も女性解放にそれほど寄与していないように思いますが、いかがでしょうか？

●山折哲雄

宗教教団の多くは、歴史的に女性を差別してきたと思います。したがってそれが教義に反映するのは当然のことでした。理由はいろいろあったと思います。しかしその中の最大のものは女性のエロティシズムが宗教的修行のさまたげになると考えられたからではないでしょうか。もっともわが国の天理教や大本教のように女性教祖を持つ例外的な教団が存在しなかったわけではありません。

●加藤尚武

倫理学は女性の解放に寄与しています。儒教やイスラム教には、女性の蔑視が含まれています。選別する意識を生み出すことが宗教の存在理由であるとき、さまざまの差別が宗教の本質的な要素に含まれてきます。そもそも宗教があらゆる差別の彼岸を追求するものであるのでしょうか、それとも宗教意識には必ず選別の意識が伴うのでしょうか。この問題は、宗教的な寛容、あるいは宗教的な多元主義が、可能であるかどうかに関わってきます。

世界が平和にならないと宗教は充実しない、と思うんです。

山折　ニワトリが先か、卵が先かと同じようなところがあるなあ（笑）。

加藤　私は平和が先だと思う。

――今、非常にいい落ちをつけていただいたような気がします。宗教の平和が本当にこなければ世界の平和はこないのか、それとも世界が平和にならないと宗教も平和に共存できないのか。たしかにそれは卵が先か、ニワトリが先かという、もしかしたらそのような問題なのかも知れません。ここでまたもや司会進行役がせっかくの対談を締めくくらざるをえない時間がきてしまいました。

実はここに非常にたくさんご質問・ご感想を寄せていただきました。その量たるや感想が三人、質問が三六人という数で、しかもびっしりと書いてくださった方が多くて、いまここで途方に暮れている次第です。必ずしもその全部をきちんとしたかたちで紹介できないということはあらかじめお詫びして申し上げたいと思います。その点どうぞご了承ください。

ここで皆様からのご質問を適宜紹介させてもらい、あるいはフロアから時間の都合上、二人あるいは三人ぐらいに限らせて頂きますが、ご質問いただいて、その後で一括して山折先生、加藤先生にお答えしていただくということにさせていただきます。

それで質問が非常にたくさん来たわけですけれども、私あてにも来てました。これは質問された方の誤解なんですけども、中世イコール停滞というのは第二次世界大戦以前の知識ではないかと。私は、中世イコール停滞というのは単なる教科書的な通俗的知識のつもりで言ったわけでありまして、私自身は決してそういうふうには思っておりません。誤解なきようお願いします。

さて本当にたくさん質問をいただきまして、それこそ項目だけをあげても、青少年の自殺、不登校、児童虐待、妖怪の存在、お寺巡り、お墓の必要性、僧侶の修業、宗教の定義・目的、神とは何か等々。ありとあらゆる項目が出てまいりました。その中から、本当に私の主観的な独断的な選択で選ばしてもらって、恐縮の上で簡単に紹介させていただきたいと思います。

人間が生きる上で宗教性とセックスというものは欠くことができないという山折先生のお話でしたけれども、児童虐待にせよ、中学校・高校生の不登校にせよ、高校を卒業しても就職も進学もしないという無業者の増大、あるいは自殺する人たち、こうした人たちは積極的に生きるということをしてな

いのではないかと。こうした問題にどういうふうに宗教者として対処することができるんだろうか、という質問がありました。それから、お二人の先生に宗教の話を巡っていろいろと議論していただきましたが、原点に戻って山折先生、加藤先生にとって宗教とは何なのか、その定義とか目的について、限りなく一言で説明していただければと思っております。そういう質問もございました。

それから非常に専門的な質問もございましたが、ここではちょっと紹介できないのが残念です。加藤先生に対しての質問ですが、いわゆる新しい技術が登場したことによって社会が変化せざるをえなくなった。これが今世紀、特に後半の大きな出来事だろうと思うんですが、先生に一〇〇年後の世界、あるいは一〇〇〇年後の世界というものを想像でも結構ですので語ってみてください、と。また山折先生に対しては、命を万物に見るのが宗教心だということですが、人工のクローン動物とか食べるために作られるブロイラーやブタなどの命に対しては、命を万物に見るという宗教はどう考えるのか。そういった人間のために作り出される存在にも命を見るべきなんだろうか。壇上の花はとても美しかったけれども、美しすぎてあまりに自然がなくなっていると思う、このような人工の動植物の中に命を見るべきなのか。この質問をした方は、人間はもちろん動植物のクローンにも反対だという、そういう方でした。

その他にですね、こういうご質問に代表されるように自然観についての質問がいろいろあったように思います。その自然を人間のために利用していくのが科学であり技術であるわけですから、科学・技術というものと宗教あるいは倫理の問題に関する質問がまいりました。本当にたくさんありまして、どれを紹介しても舌足らずで、かならずご不満が残るかと思います。

最後にこんな質問が来ておりました。山折先生、加藤先生の夢はなんですかと。二十一世紀に向かっての宗教がどうの、哲学がどうのという以前に、それこそご自身人間としてどういう夢を二十一世紀に思い描かれているのかぜひ聞きたいです、そういうご質問がありました。フロアの方からもし二、三ご質問がございましたら、簡潔にお願いできたらと存じます。

質疑応答

Ａ　お話ありがとうございました。僕は学生なんですけども、お二方は学者であるとともに、大学と大学院のトップになられる教育者の方だと思うんですけれども、二十一世紀に向けてどういうふうな気持ちで教育ということに対して接しておられるのか、伺いたいと思います。

――ありがとうございました。それでは次の方、どうぞ。

Ｂ　実は私は質問書を書いて出したんですけれども、紹介されなかったので手を挙げてしまって、申し訳ないんですが。二十一世紀の宗教と哲学というタイトルが挙げられていますので、その宗教と哲学そのものを標榜している大学、いわゆる宗教系大学、特に宗門系の大学というのがありますね。その宗門系大学が二十一世紀においても存在するとすれば、その現代的意義は一体何であるのか。あるいは逆に宗教団体がそういう宗門系大学を擁するということの意義は一体何であるのか。

なぜこういう質問をするかといいますと、宗教系大学が宗教系大学であるとすればするほど学生の集まりが悪くなって、それで経済的な基盤が成り立たなくなる。したがって現実には宗教系大学はどんどん一般化しているわけです。しかし理念として、あるいは建学の精神として掲げているものを標榜せざるをえない。このところをまさに宗教を建学の精神として標榜している大学というものの存在意義というのはどのようにして考えたらいいのか、ということについておふたりのご意見をうかがいたいと思います。

加藤　ふたりでなくて、山折さんに……。

――ありがとうございました。もうお一方だけ、ございましたら。

C　どうもはじめまして。山折先生の方から講演の中で国家と宗教というお話が出ておりましたけれども、二十一世紀に向けての国家と宗教のあり方、あるいはできたら加藤先生にもお答えいただきたいんですけども、国家と思想というもののあり方というものが二十一世紀にどうなっていくかということをおうかがいしたいんです。二十一世紀に向けて国家というのは向かう方向が二つあると私は思います。一つは今非常に問題になっているような民族を基調としたような国家、単一民族を基調としたような国家というものがありますが、そうした国家と宗教あるいは思想というものの関係はどうなると予測されるでしょうか。そしてもう一つは、グローバルな関係の中でＥＵに象徴されるように、主権国家というものが衰退していくという過程の中での宗教と思想のあり方について、二十一世紀どういうふうに展開していくかという展望をお伺いしたいと思います。よろしくお願いします。

――どうもありがとうございました。今一括して質問を紹介させていただきましたので、それでは山折先生の方から、ご自由にご回答いただければと思います。

山折　最初の自然観の問題ですが、クローン人間とかブロイラーのような人工的な動物に生命が宿っているかどうかというご質問ですね。私は宗教研究者でありますけれど、もう一面は仏教徒でもあります。ですからこういう問

題についてては、仏教徒の立場からお答えしたいと思います。仏教の立場からしますと、人間存在は究極的にすべて幻なんですね。クローン人間も同じような幻の存在だと思います。サルも犬も全部幻ですね。人間だけが特別視される理由は一つもないわけです。虫やサルが石ころのように死んでいくように人間も石ころのように死んでいく。それは幻としての存在が辿るべき運命で、これが私は仏教の根本的な考え方だと思います。非常に非情なものだと思います。

そうした根本原理を忘れているのが、今日の大学における仏教教育だと思います。明治以降の近代仏教学というのはすべて知識仏教であり、学問仏教であり、解説仏教だったと思いますね。仏教の本来の考え方とは関係のない文献学を繰り返しやって今日に及んでいる。だからクローン人間の問題が起こったときに仏教の側で何が言えるか、倫理的な対応の仕方として何かできるのかといったとき、仏教徒ならばクローンも幻なんだといって、そういう形で否定はできる。しかし同時にそれは己の存在をも幻だといって否定していなければならない。そうしないと公平を欠くわけであります。

それから人間と自然との関係の問題ですが、私はこういうことを考えたんですね。今世界は、持続可能な開発[★1]ということを言っている。自然環境と人

★1 英語の sustainable development の和訳。一九九二年

間との共存というようなことがいろんな所で叫ばれている。しかしどうでしょう。究極的に人間は自然を利用して生き延びようとしているわけです。自然との共存と言いながら自然を利用し、活用し、動植物を食べて生き延びようとしている。どう考えてもこの人間中心主義から逃れることはできないようであります。

ところが農耕社会に入る前、狩猟社会においてはどうだったかと考えてみると、人間もこの自然界の食物連鎖の中に入っていたということが分かります。人間は動物を捕って食べ、植物を採って食べて生き延びているけれども、逆に動物からも食われる存在だった。狩猟社会ではそういう平等の食物連鎖の中に入って生活していた。ところがどういうわけか牧畜農耕社会にいたって、人間だけがその食物連鎖の輪から抜け出た。人間至上主義の始まりです。だから、本当に我々が自然と共存しようとするならば、ふたたびあの狩猟社会の食物連鎖の中に我が身を入れなければならない。少なくともそのようなイマジネーションを働かせなくてはならない。しかしその覚悟はないでしょう、今人類には。これはジレンマですね。そういう点では持続可能な開発という考え方に、私は何とも言えないウソを感ずるのです。そんなものが二十一世紀のイデオロギーになったらとんでもないことになる、と思って

六月のリオデジャネイロでの国連環境開発会議（地球サミット）で「持続可能な開発」に関する基本原則を盛り込んだ宣言が出された。

おります。
私の夢はですね……、豊かに成熟したい。そんなお話がありましたが、翁のような老人になって死を迎えたいと思います。これが私の夢です。二十一世紀まではそのようにして生き延びるだろうと思います（笑）。あと一年数カ月我慢するわけですから。
それから二十一世紀の国家と宗教の問題については、国家はいろんな形で融解していく、壊れていく、ボーダーが曖昧になっていく、そういう傾向がどんどん、どんどん増えていくだろうと思います。しかし、かといって、国家が消滅するとも思えない。最大の問題はどうでしょう、イスラム国家が鍵を握るのではないかっていう気がしますね。人口爆発の中の宗教人口という点で言ったらますますそうです。キリスト教も仏教も及びませんよ。イスラム教徒が地球の最大勢力になると思います。その時、国家と宗教がどういう関係になるか。戦慄すべきテーマですね、これは。以上で私の回答を終わります。

――どうもありがとうございました。加藤先生、お願いします。

加藤　山折さんのような迫力のある言い方はあんまりできないですけれど

（笑）。先ほど述べた人口の図式がありますが、世界全体が食糧の問題について需要と供給のギャップは縮まるのではなくて広がってしまうんですね。物が足りなくなるわけです。したがって私たちはもっと効率的に物を作らなければならないんです。ですから機械文明は行き過ぎたとか、これ以上技術化はやめろとかというような贅沢は言ってられないんです。何とかしてものをたくさん作り、作った後のかすもちゃんと使い切るようにしなきゃならないんですね。

電力を使い始めたのが一九〇〇年前後で、原子力を使い始めたのがだいたい真ん中頃です。二十一世紀においてまず最初に、少ないエネルギーでたくさんのものを作るという技術、省エネ技術を強めなければならない。十九世紀頃作った技術は高温、高圧、機械工学というような重厚長大ながっちりしているのが多かったんです。これからは生命工学と情報工学が工学の主流になると思います。ところが生命工学では、山折さんもずいぶんいろいろぞっとするようなイメージをたくさんお話になるけど、ぞっとするようなことが現実になって出てくるだろうと思います。しかし、それを全部やめろといったら飢え死にする人が出てくる。そういうジレンマに人類は到達します。我々は、相当危険な技術開発をしながら、その危険度をどうやったらセーブ

していくかという課題に直面していくと思います。

二十一世紀はどんな時代かというと、人工化が一方で非常に進まざるをえない。情報化の動きがだいたい二、三年くらいで社会を一変させる。流通、物の売り買いがすっかり変わってしまって、お店が全部姿を消してコンピュータの中でボタンをヒュッと押すと翌日宅急便で届くという時代になってしまう。

そのとき同時に人間は自然化するという要素を取り入れないとやっていけない。子どもは必ず田園生活、山林生活を経験しなければいけないとか、小学校ではバスケットボールだとかピンポンはやめて、相撲と水泳だけにするとか、鉄筋コンクリートの家はやめて全部山小屋風にしてしまうとか、強度に自然化された、荒々しい自然に接触していくような生活形態の中に高度の技術が裏方として支えていくという、そういう文化になるほかはないだろうと思います。それには、高度の科学技術と荒々しい自然との接触とが共存するような生活空間を設計しなくてはなりません。例えば大規模な田園都市を展開する場合、そういう計画は三〇〇年とか五〇〇年とかかけて築き上げていかなくてはならないでしょう。共同の長い時間にわたる申し伝え事項としてバトンタッチしていくという作り方になります。

ケルンの大寺院にいくと今でも工事をしています。戦災で破損した部分を修理しているという部分もありますが、この建物は一二四八年に着工して一八八〇年に完成したことになってはいるが、まだ未完成なので「永遠ドーム」に向けて工事を続行しているというのです。こういう長期的な設計がないと結局、我々は地球を人間が住めないように汚染してしまいます。

すでに我々は一〇〇〇年先まで危険が届く放射能を原子力発電所の廃棄物として作り出しておりますので、一〇〇〇年先のことまで考えておかなければいけないんです。さまざまな金属が四〇〇年位で使い終わってしまうだろうという予測があったんですが、使い終わったら工業文明は維持できないっていうのでは困りますので、どうしても文明全体をリサイクル可能なかたちに切り変えていくことが二十一世紀の初頭できわめて大事なことになると思います。

工学部の先生や理学部の先生にはうんとがんばってもらわなけりゃなんないんだけども、しかしそういう先生が胃袋だけで生きる人間というお化けを作ったり、ヒトとネズミの合いの子とか変な気味の悪いものをいっぱい作ったりしても困るので、我々文学部もがんばろうっていうのが私のイメージです。私ももうすぐ死にますけども、私は今六十二歳ですが、父親と母親の死亡年齢の平均に五パーセントをかけて足すと九十二歳で死ぬことになりますので、あと三〇年は生きます。

山折　はあ～。それはよろしいね。

加藤　八十七歳位までは日常の生活ができるようになっていると思いますが、八十一歳くらいまでは学問的な仕事ができるだろうというふうに思っています。今まで東洋哲学だとか西洋哲学とか分けてみたり、またお前は西洋哲学しか知らんだろうとやっていたけど、東洋哲学も西洋哲学もアフリカ哲学もインド哲学も全部知ってる人間となって、私は古今東西の哲学っていう本を書きたい。そうすれば世界中の人々が疑心暗鬼になってイスラムではこういう悪いことを考えてるのではないかとか、ユダヤ人はこういう悪いことをするのではないかとか思ってしまうところがあるのですが、そういう疑心暗鬼になるのがよくない。世界中の人々が疑心暗鬼にならないように、世界中の今までの哲学の知恵が、この人たちはこういう立場、この人はこういう立場というのが全部はっきり分かるような、古今東西の哲学というものを書きたい。

だけどその前に京都大学を定年になり、鳥取環境大学という新しい大学を作ることになってるのですが、鳥取環境大学でやりたいのは環境問題を処理

【インタビュー】

茨城県の放射能洩れ事故は記憶に新しいところですが、今後の原子力利用の行方について、どのようにお考えですか？

●山折哲雄

日本人は文明の恩恵をこれからも手放さないでしょう。そのために原子力を利用する方向にむかうほかはないでしょう。科学者や技術者や、そして政治家はそのため事故が起きないようできるだけの手段を講ずるでしょう。しかしそれにもかかわらず事故は起こり、我々の安全は常に脅かされ続けるでしょう。犠牲は力弱き者、才能・金力なき者の上に襲いかかることでしょう。どうしろ、というのですか。

●加藤尚武

安全性の確立のための新制度を作るべきです。日本では現在約三八％の電力需要が原子力発電によってまかなわれています。廃棄物の完全管理が不可能なので、原子力発電は廃止するという方向付けが正しいと思いますが、そのための合意形成の有効な方法が存在するかどうかは疑わしいと思います。

する実務的な処理者を養成していくことです。例えば会社では環境会計★2を出さなければいけない。環境報告書を出さなければならない。そして学校も企業も工場も環境の問題についてきちんとしたきれいな報告書が書ける。そういうお互い同士環境の問題で信頼度の高い社会を作るための人材育成をするというのが、定年直後の課題です。まだ三〇年間使い道を考えなければいけないので、どうしても古今東西の哲学というのを書いて死にたいと思っています。

山折 いっしょにお遍路しましょうよ（笑）。

加藤 この前先生にインド行くとき連れてってくれと言いましたけど、すっぽかされちゃった。一緒にいきましょう。

――どうもありがとうございました。フロアの方で、若い世代に対する教育と宗教の課題、具体的には大学教育の中で宗門系大学の意義についてはどうか、とこういう質問がございましたけれども、先生方いかがですか。

加藤 山折さんは答えたけども、私は別に答えるべき材料をもっていないんです。宗門系の大学というのはみんな宗門を捨てて、駒沢大学も今はもう宗門の学生を探してもどこにいるのかという感じになってきましたし、龍谷大

★2 会社等の中の金銭出納の中で、環境に関する部分を正確に割り出して行く方法が環境会計。これは企業の環境保全への取組みを定量的に評価するための枠組みとして、環境庁が導入を進めているものでもある。環境コストとしての項目だけひろうと、支出ばかりになってしまうので、目に見えない利益もしっかり組み込むことが重要である。

学もどんどん変わりましたし、どんどん非宗門化していますね。ですから大学が宗門の子弟を集めるという時代はもう終わったと思います。

ただインドのテキストを全部読むっていうのも大変で、ヘーゲルのテキストについてもマルクス★2は七〇センチくらいの厚さを読んであんなでかい顔していたんですけど、今私たちはその七倍も八倍もの分量を読まないとヘーゲル学者になれないんです。インド仏教のテキストの数というのはすごいですね。また中国で翻訳したときにあっち間違えたとか、こっち直したとか、ものすごい分量の情報があるんですね。ですからそういった古典の情報は大事にして、古代の人々が鳥や獣についてどう思っていたか、山や川についてどう思っていたか、孫や子供のことをどう思っていたかってことが、いつも分かるようにしないと、頭としっぽで別々の人類になっちゃう可能性があるわけです。

古代人の考えていた人類と、未来人の考えていた人類はぜんぜん別の考え方をするようになるかもしれないので、人類というのは歴史を通じた全体で自らのアイデンティティを保証しなければいけないんです。そのためにはお寺さんの方でちゃんと昔の文献を読んで、昔の人の考え方を伝えてくれないと困るんです。ですから人を集めたり金を集めたりするのに宗門の名前を使

★2　Karl Heinrich Marx（1818―1883）　十九世紀ドイツの社会主義哲学者。エンゲルスとともに科学的社会主義の思想を形成し、国際的な労働者運動の発展に尽力した。共産主義者同盟に参加し、一八四八年、エンゲルスと共同でこの同盟の宣言書として「共産党宣言」を発表。主著は、やはりエンゲルスとの共著になる『資本論』など。一一二ページ参照。

わなくても、昔の文献をちゃんと読めるように子弟を育てて下さい。

——山折先生はいかがですか。

山折　宗門大学における宗教教育というのはもう可能性はありませんね（笑）。一つの解決策は、いま加藤さんがおっしゃったことと共通するんですけれども、確実な古典学をやるっていうことが一つ必要ですね。『正法眼蔵』なり『教行信証』★3なり、そういう古典的な宗教者達の著作をきっちり古典学の手法で読む。そしてその情報を公開する。これが非常に重要だと思いますね。あとはやっぱり人間いかに生くべきか、そして人間いかに死ぬべきかっていう現実の問題にこたえるような宗教研究であり、宗教教育でなければ、それは衰える一方だろうと思いますね。

——どうもありがとうございました。対談というのはシナリオがありませんので、どのように展開していくのか始まってみないと本当に分からないのですが、無事お二人の先生方や皆様のご協力をもって盛会に終えることができたとおもいます。この対談の中のお二人の先生の一言一言の中には実はそれぞれ先生方の今までの何十年とわたる哲学研究、宗教学研究の成果が込めら

★3　親鸞（九五ページ参照）の著作で、六巻からなる。一二四七年（宝治元）頃に完成されたと言われる。経典やインド、中国、日本の高僧たちの著書から浄土に生まれる教えと修行法を明らかにした部分を抜き出して類別した。

れております。そしてそれらは先生方の数多くの著作にしっかりと書かれております。ですから今回聞けなかった、もう少し深い突っ込みというのがそこに書かれているはずだと思います。

最後に総括めいたことを一言申し上げたいと思います。今回のお話からすると、人間にとって二十一世紀にしても二〇〇〇年先にしても、あるいは過去にさかのぼって一〇〇〇年前、また一〇〇〇年前の平安時代にしても、いずれも時間というものをどう考えるかが問題なのではないのかと思うんです。私たち日本人にとって時間意識というのはどうなっているのか。山折先生が『日本人と浄土』（講談社学術文庫、一九九五年）という本の中でこんなことを書かれていました。日本人にとっての時間を理解するための空間的尺度があるというのです。一メートルの視点から下を見るとせいぜい過去一年間のことしかわからない。一〇メートル上から見ると一〇年間のことがだいたい分かる。そんな具合にして一〇〇メートル上空から見るとこの近代一〇〇年間の日本の歩みが分かる。

ところがもっとスパンを長くして一〇〇〇メートル、三〇〇〇メートルという高度から日本を眺めていくと、これはしだいに日本列島そのものを眺望することになっていきますが、それは本当に驚くほどあふれんばかりの森の中にある。日本人は農耕民族と呼ばれているけれども、実際のところそうではないのですね。そしてその森は海に囲まれている。この海と森。これが日本人の宗教性を最も深くさかのぼって考えるときに見えてくるのです。そしてそれが一〇〇〇年間あるいは三〇〇〇年間、私たちの深層意識を今日まで支えてきた日本の原風景なのです。そうしたことがはからずも空間的なレベルで見えてくるのではないかと山折先生は言われるわけです。

そして今、宇宙飛行士が宇宙を飛び回るようになった、そういう時代でもあります。三〇〇〇メートルどころではないですね。一万メートル、一〇万メートル、あるいは月からとか、あるいは火星からも地球を眺めることができるわけです。そうしたときに空間的には無限大ともいえる宇宙感覚というものをもってこの有限なる地球を見つめたときに、我々はその中に生きる一つの生命として何をすべきなのか。この課題への回答がもしかしたら見えて来る糸口が、この対談のどこかにヒントとして隠されているかと思います。

ただ一つ言えることは、宗教も哲学も何かそれ自体で観念の空中楼閣を築いているようなものでは全然なくて、むしろそれらは人間のためにあると思うのです。つまり、人間がこの地球上でこれからも人間として生きるために、その生存の条件や限界は何なのか、また生きる意味や目的はどこに設定したらよいのかということについて、身近な問題を介してじっくり反省させてくれるものだということです。そしてその反省も、しかつめらしい専門的な議論もさることながら、私たち人間が人間である限りにおいて、誰もが楽しく参与できるものであるはずです。まさにその見本・ひな型をこの公開対談において、山折先生、加藤先生が示してくださいました。

この対談はいずれ本となって出版されます。山折先生、加藤先生それぞれ一〇〇冊、あるいは五〇冊近くのご本を出されてますけども、たくさん出されている中の一つの本にすぎないような本を出すのではなくて、資料にも紹介させてもらいましたけれども、それぞれの先生方のこれまで著してこられたさまざまな著作活動を総覧して実はその上にこの対談がある、そういうような本にしてまいりたいと思います。どうぞお楽しみにしておいてくださ い。それでは山折先生、加藤先生どうもありがとうございました。（拍手）

解説

金子　昭

リリジョン・フリーの発想

ローマ法王ヨハネ・パウロ二世は、今年（二〇〇〇年）三月十二日、カトリック教会が過去に教会分裂、十字軍、異端審問、反ユダヤ主義などに深く関与してきた過ちを認め、その許しを求める特別ミサをバチカンのサンピエトロ寺院で挙行した。カトリック教会が歴史的な罪を総括的に認めるのは、二千年の教会史上初めてのことである。

宗教の功罪については過去にさんざん語られてきたが、当の宗教による自己批判としてはあまり無かったように思う。今でも、相変わらず非を自分以外に押しつける他罰的な宗教団体もある。キリスト教の場合、その究極的な救いの約束とは裏腹に、あるいは逆にそのような約束を掲げているからこそ、この世においてたいへんひどいことを仕出かしてきたのであった。つまり究極的な救済ということが、この世における悪事の免罪符とされてしまったのである。カトリック教会は、二十世紀の最後の年になって、ようやくこのことを懺悔して、法王主催で公式的な謝罪のミサを行ったのである。

宗教が平和をもたらす場合もあれば、世界の平和があってはじめて宗教も平和裡に共存できることもある。宗教が引き起こした戦争も数知れずあり、その他にも魔女狩り、インディアン迫害などは皆「神の正義」のもとに聖戦として行われてきた。この問題は、ニワトリと卵の論争によく似ている。下手すると水掛け論になってしまう。

それにしても宗教は、人間が人間としての意識に目覚めて以来、太古より連綿と続いてきて、今日に至っているものである。十九世紀の末に「神は死んだ」と宣告されても、二十世紀の末にカルト批判の声がどんなに上げられても、宗教は相変わらず存続しているし、イスラム教のように世界的にますます力を伸ばしている宗教もある。人間の宗教心が止むことはなさそうだ。

この『公開対談』の中で山折哲雄氏がいみじくも指摘しているように、人間が人間である限り「宗教とセックス」はつねにつきまとう。これは否定しようとしても否定しきれないし、無理に否定してしまえばどこかに歪《ひず》みが生じてしまう。

それゆえ人間の共存のための最上の条件は、宗教そのものを捨てることではない。むしろ宗教を相対化し、今一度醒めた目で見直すことが必要である。その点で参考になるのが、ジェンダー論でいわれる「ジェンダー・フリー」の概念である。ジェンダー・フリーとはいわゆる男女の役割や「らしさ」に囚われないということであり、男女の社会的性差をゼロにしてユニセックス化してしまう「ジェンダー・レス」ではない。この差を混同してしまうと、男女平等と性別役割をめぐって一部のフェミニストと反フェミニストとが真っ向から対立している不毛な論争のような事態になる。それと同様に、宗教はなくてはならないものだ、いや宗教は有害無益なものだとお互いに張り合うような「リリジョン・レス」をめぐる議論ではなく、宗教への囚われから一歩身をひいた上で宗教に自由に関わる「リリジョン・フリー」の姿勢がここで求められるゆえんである。

山折哲雄氏も加藤尚武氏もともに、そういうところで実は同じ思考の土俵に立っている。この「公開対談」は、文明史的観点をふまえ、まさに宗教、あるいはより広く人類の思想の有り方に対して鳥瞰的な視座から行われたものである。

対談に先立つ講演の中で、山折氏は、今日の時代は価値観が前と後でがらっと変わる第二の応仁の乱の時代ではないか、と問題提起をなされた。三五〇年間の平安時代、二五〇年間の江戸時代は、世界史全体から見ても稀な平和な時期であった。このような時期が日本の歴史では、合わせて六〇〇年もあったということは驚くべきことであるが、実は政治と宗教が血で血を洗う時代は、日本史ではむしろ例外だったのである。明治維新という一種の革命期すらも、わが国では比較的平和裡に遂行できたという歴史的経験がある。その中でも、とくに平安・江戸の時期は、政治と宗教との相性が良かった時代である。山折氏によれば、その背景には、平安時代の場合は「怨霊信仰」、江戸時代は「先祖崇拝を中心とする檀家制度」があったという。二十一世紀に日本が第二の応仁の乱を迎えて、その戦乱により価値観がすべてひっくり返ってしまうことを回避しようとするならば、むしろ我々は歴史に学ぼうではないか。そう山折氏は提言されている。

続いて加藤氏の問題提起は、そうした価値観の根本的な変化を指し示す現象があるとして、具体的にそれは人口の変動曲線だと挙げている。加藤氏は、今日まで続いてきた近代の人口変動期の文化から、人口安定期の文化へと戻すことを提唱している。地球環境全体の許容量からしても、それは当然そういう方向に進まなければならないのである。そのためには、二十世紀のアメリカで確立した大量生産・大量廃棄の生活スタイルから、もっと息の長い生活を続けていくための生産・廃棄のあり方を身につけていくことが求められる。そこで加藤氏は、思想的にいうと、「瞬間風速型」の『五輪書』の発想ではなくして、悠揚たる時を大切にする「往生伝」の発想を思い起こすべきだと示唆される。「瞬間風速型」の発想でもって大慌てで近代化してきたわが国であったが、実はそうしたタイムスパンの長い人生の過ごし方がかつてあったのだ。

さて、こうした問題提起を受けて対談の部に入ると、その第Ⅰ部では、この『五輪書』の話から時間感覚あるいは歴史感覚というものに話題が集中する。そもそも厳流島の闘いに遅刻した宮本武蔵を汚いと考えた斉藤茂吉の発想は、近代的な時間厳守の時代の発想ではないか。「往生伝」に見られる悠揚たる時間感覚から、そのように往生するための行としての断食の話、あるいはまた今日そうした行が成立するかという問題になり、そこから倫理委員会と宗教の話題にシフトしていく。そのあたりのお二人のやりとりは実に変幻自在である。

個人的・宗教的な方法では、人口爆発の問題には対処できないと、加藤氏は指摘される。そこで、合理的コントロールが必要だというわけだが、山折氏はインド人の飢餓対応能力を力説される。そもそも自分自身の欲望に対する非暴力を、自分の身体において実現させることによって、自分の政治的非暴力は完成しないと考えたのがガンディーであった。つい先頃の新聞報道によると、二〇〇〇年五月十一日にインドの人口はついに推定十億人を越え、このままのペースで人口増が進めば、二〇四五年には中国を追い抜いて世界一の人口大国になってしまうという。ガンディーのような「禁欲的なラジカリズム」は、必ず政治的に強力なプロテストになる。山折氏の説どおりになってくれないと、大変な事態になってしまう。

対談の第Ⅱ部では、話題はまず哲学のことから始まる。ドイツ観念論哲学者のヘーゲルでもって世界の思想、いな世界の歴史は極まったと主張してきたのは、実際のところ当のヘーゲルおよび彼の弟子たちだけであって、それを鵜呑みにしてきた日本人の哲学者に対して加藤氏は酷評される。

さて、そこから時間（歴史）感覚の話に戻り、人間の文化の進歩とＤＮＡの構造の安定度の相違は、時間の流れ方が違うだけで決して別物ではないと、加藤氏は言われる。一〇〇年単位で動いているのか、三〇〇万年という単位で動いているのか、いずれしても人間の文化も自然の構造も動いているのである。

話題はおのずと進化論へと移っていくが、そこで図らずも人間の持つ偏見が現れてしまう。インディアンは果して人間かと真面目に考えた西洋人、外国はすべて夷狄《いてき》というふうに見た中華思想の東洋人、両方ともに偏見・差別の意識がある。東洋人の差別として一番端的なものは、まさに宗教が女性を差別するという問題で、最後にインドの宗教差別の例が出された。加藤氏は、歴史性を克服すれば宗教の宗教性までなくなってしまうということはありえないと指摘され、山折氏も、そのようなことにこだわる宗教はすでに歴史的生命を終えたのだと同意される。そうして冒頭に述べた「宗教と平和」の大問題に回帰して幕を閉じる。

加速する世界における宗教

二十世紀後半に表面化し、二十一世紀にはいっそう問題となってくる諸課題は、加藤氏が指摘するように「瞬間風速型」の発想法では立ちゆかなくなるのは明白である。有限な地球上で、無限なる経済成長にこだわり、しかも「短期決戦」での勝利をめざしてひたすらがんばって努力すればするほど、我々の生存の基盤そのものである地球環境や資源がどれほど失われるか、もうだれの目にも明らかになってきている。今後必要なのは、人類サバイバルのための必要な「長期戦」、あるいはもしかしたら「消耗戦」をどう戦うかという発想法ではなかろうか。当然そこで求められる戦術も、華々しい戦果を挙げられる突撃作戦のそれではなく、むしろ限りなく地味で地道な兵站学（ロジスティックス）である。「公開対談」で話題になっている「コンドーム作戦」も、どこかそうした悲哀と滑稽さをにじませた兵站学の一種であろう。

いずれにせよ、まず第一に、人口爆発、環境破壊、資源枯渇といったグローバルな危機を乗り切ることが至上命題であり、そこでは負けない（生き残る）ことだけが肝心で、はなばなしい勝利はもはやそこには存在しないということである。そして第二に、そうした戦法で注意すべきは、少数の勇敢なヒーローだけが実行可能な作戦ではなく、大多数の人々にあった作戦を考えるべきである。加藤氏が折にふれて指摘してこられた「最小限の倫理」は、そういうものである。シュヴァイツァーやキング牧師、あるいはマザー・テレサのような崇高な偉人・聖女の倫理は、万人向きではない。しかしながらその一方で逆説的なことは、弱い人間だからこそ、何らかの超越的な力を借りてそれに献身することで、信仰信念に先導されて進む道もあるということである。人間がセックスや宗教から離れることはできないのも、実はそのことによるのである。

山折氏も加藤氏も、これまでの歴史的宗教や世界宗教ではこれからの人類サバイバルの課題が乗り切れるか、疑問を呈している。しかし、そもそも宗教はどのように発展してきて、今後どのような方向に向かえばよいのだろうか。そのとき人類史的・文明史的に宗教をみる見方を提示された宗教学者の松本滋氏の理念類型が参考になるので、同氏の考え方を参考に用いながら私なりに述べてみたい。

松本滋氏は、『父性的宗教・母性的宗教』（東京大学出版会、一九八七年）の中で、宗教的発達には三段階あると指摘されている。これは、とくに価値判断を含むものではないが、表現形式やシンボリズムの分化・複雑化を意味するという。つまり、あくまでも宗教分類の理念類型である。

まず第一段階は、原初的および古代宗教の時代である。これは、山折氏が二十一世紀に復権されるべき宗教のあり方として指摘しているもの、すなわちアニミズムやシャーマニズムと一致するものである。松本氏によれば、この時代の宗教はあらゆる面で未分化で、一元的な世界観を有しており、そこでは神も人間も自然も融合した状態である。人間は、過去も現在も未来も溶け込んだ「夢の時」に生きている。これを、松本氏は象徴的に「母子一体の段階」だと形容する。そこで時が流れるにしても、一万年単位での時の流れである。

第二段階は、歴史的大宗教の時代である。これが、いわゆる世界宗教と呼ばれるものである。山折氏が、歴史的宗教の時代が終わりだと言うとき、こうした大宗教の終焉のことを指している。ヤスパースやシュヴァイツァーなどが紀元前五〇〇年前後に人類の一大精神革命が起きたと言っているのはまさにこの時期のことであり、インドでは仏陀が、中国では孔子が、中近東ではユダヤの預言者たちが、ギリシアではソクラテスやプラトン、アリストテレスが登場した時期である。仏教、儒教、キリスト教、イスラム教など、その後のいわゆる大宗教・思想運動として起こったのは、この系譜上にある宗教なのである。この時代には、神と人間と自然とが分離し、世界観もこの世とあの世というふうに二元化していくように、世界や意識の分化が進んだ時期である。そして宗教的エリートが現れるのも、この時期である。松本氏は、この時期を「父子関係の段階」だと見なしている。この宗教の出現以降、時の流れが加速を始め、千年単位となり、やがてそれは百年単位に縮まっていく。

そして第三段階は、現代宗教の時代である。これは、ルネサンスや宗教改革、近代の啓蒙主義思潮などを経て、今日にいたる宗教的流れ全体を指す。世界や意識の分化が一層進展して、二元論すら崩壊して多元論の時代となる。いわゆる大宗教というものに反省が向けられ、価値観の多様化の中で、個人に中心が置かれる傾向が出てくるのもこの頃だ。そして同時に彼岸信仰も崩壊しはじめ、世俗的な現世中心志向が現れる。また、あらためて哲学思想のテーマとして、人間性あるいは人間存在そのものの探求が重視されていく時代である。

時の流れはさらに加速され、百年単位から十年単位、一年単位となり、今日ではもっと刹那的な「瞬間風速型」になりつつある。松本氏は、こうした現代を自律・成熟の時代と位置づけ、現在はその過程にあると言う。もともと「瞬間風速型」の日本人にとって、こうしたときの加速は近代化達成のために好都合なのかもしれない。しかし、もはや「瞬間風速型」の発想では、行き詰まりが見えている。これは、加藤氏が指摘されるとおりである。

ただその点で、私には氏ご自身が情報学の分野で重視されているコンピュータも、そうした発想をいっそう加速させているのではないか、という疑問が起こってくるのだが……。

松本氏は、今後の宗教の進むべき方向として、自律・成熟の時代に相応しい人間のあり方を標榜する、「母性」と「父性」とを統合した「親」原理に基づく宗教が求められると述べている。加藤氏がつとに提案される、価値観の相違を前提とした多元社会の中で通用する倫理、つまり「最小限の倫理」も、実はそうした自律と成熟の時代に対応した倫理なのかもしれない。そう考えさせられもするのである。

宗教の役割と倫理の性格

ところで宗教は、どこにその出番を持っているのだろうか。いかなる宗教の信仰者といえども、体内に赤い血の流れる生身の人間である。どんな超越的な価値や救済をその宗教が提示するとしても、その信仰者はこの世界に生きて、他の価値観を持った人々と共同生活をしている。そしてそうした異なる価値観を持つ人々相互の間で成立する最低限の生き方の枠組みが問われる場面が、倫理・道徳の次元であるといえる。加藤氏は、個人のエゴイズムをも射程に入れた「最小限の倫理」を、そもそも宗教が提示していないと批判される。つまり宗教は高踏的なことばかり言って、この世界のニーズに対応していないというのである。

加藤氏は対談の中で、エホバの証人の輸血拒否裁判における患者側勝訴の判決という話題を紹介されている。これは、一九九八年二月の東京高裁の判決であるが、本年（二〇〇〇年）二月二十九日に出た最高裁の判決もこれを支持するものだった。つまり日本の司法当局は、患者が宗教上の理由で輸血を拒否するというのを、医療行為を選ぶ人格権として認めたのである。加藤氏ならさしずめ、そこで「愚行権」が行使されたのだと言われるところだろう。

対談の中では触れられていないが、実はこの患者は賠償金として一二〇〇万円を請求していた。この金額には、しかし、どのような宗教上の根拠があるのだろうか。患者は一審の東京地裁の判決（このときは敗訴）の後、死亡しているので、その遺族が継承してやはり一二〇〇万円を請求していた。これは高裁、最高裁で退けられ、賠償金は結局五五万円に減額させられた。

宗教者が宗教上の事柄で、他人から迷惑を被ったからといって法に訴える。それは当然の権利であろう。しかし宗教者の精神的苦痛というのは、一体どのぐらいの金額なのだろうか。とくに新しく勃興してきた宗教を信仰している人々は、自分たちの奉じている価値観が世間の間尺に合わない、あるいはそうした世間の常識や価値観を超えているので、人々から疎んじられたり嫌われたり、極端な場合では迫害・干渉を受けることがある。しかし、それは仏陀でも、イエスでも、皆そうだったのではなかろうか。しかし彼らがその精神的苦痛の賠償を訴えるということが想像されるだろうか。小林よしのりが『ゴーマニズム宣言』の中で、一連のサリン事件発覚前にオウム真理教が、マスコミからバッシングを受けて精神的苦痛を受けたとして起こした、名誉棄損の裁判について笑い飛ばしていたことを思い出す。

むしろ超越というこの世を超えたものと、内在というこの世的なものとが有する緊張関係を見きわめて、宗教の本来の出番を考えることこそ、実は肝心なポイントではなかろうか。宗教から一歩身をひくことにより、宗教のあるべき姿が見えてくる。

宗教と倫理との関係についていえば、加藤氏は『現代社会と倫理』（晃洋書房、一九九六年）の中の「宗教と倫理」の章で、西欧キリスト教がたどってきたようにひたすら内面化の道を選ぶか、イスラム教のように政教一致の方向を貫くか、宗教にはベクトルを正反対にする位相があると、犀利な分析をされている。しかしこのどちらもが現代の現象であるには違いない。いずれにせよ、いかなる宗教の教えの究極は排他的真理である。超越的な要素は、それをこの世において絶対の名の元にふりかざし、ふりまわすのではなく、自らも含めてこの世の一切のものに対する真摯な批判的原理として作用させるべきであろう。

しかし加藤氏はたんに「最小限の倫理」ばかりを述べているわけではない。たとえば自分が脳死状態になったら、臓器移植のドナーになろうと決めた人は見返りをまったく期待していないわけで、それはまさに宗教的とも言える「債務を超える善行《スーパーエロゲーション》」であると言う（『脳死・クローン・遺伝子治療』PHP新書、一九九九年）。けれども、本人は自己犠牲のつもりで臓器を提供したとしても、それが社会功利主義の文脈で読み替えられ、それが結果として周囲の人々への無言の強要となってしまわないだろうか。そういう危険性もゼロというわけではない。だからこそ、法的拘束力を持った何らかの歯止めが必要なのである。

そもそも法律の世界は、処理と決着の論理で物事を片づけていかなくてはならない世界である。法律の世界は、より良き世界のためのルールの世界である。しかしそれだけが世界のすべてではない。その点で倫理の世界は、法と宗教、あるいは科学と宗教の間にあって、一種の中間領域を形成している。人間に関する重大な事柄には、たとえどのような決定を下したとしても、そもそもそうした決定は性急で尚早なものではないかと、トーマス・マンは、『ゲーテとトルストイ』（岩波文庫）の末尾で述べている。むしろ大切なのは、互いに対立しあうもの同士の中間にあって、高次の統一をめざすことだという。それこそ真の意味での「人間性」の尊重になるのではないかというわけである。生身の人間である我々は、まさに互いにその生身の人間であるということ（つまり人間性）を大切にしていかなくてはならない。どちらの側にもくみせず、あえて「中間」に立つことは、彼によれば、「アイロニー的留保」と言う。このような「中間」の道、つまり「中庸」は倫理的卓越性として、アリストテレスが語り、また孔子も仏陀も説いているところのものである。極端に走らず、生身の人間、あるいは人間性を尊重するのが、人間として生きる道すじとしての倫理ではないだろうか。

対談の中で、生命は無なるものだということを自覚させるのがもともとの仏教の考え方だと、山折氏は語られた。しかし実は、そのように無を取り込むことによって、まさに人間はこの世から自由になりつつ、この世に自由に関わって生きることができる。内面的に世界から自由になることで得られる世界への自由な関わりの中で、生きとし生けるものすべてに対し、人間として無辺際に背負うべき主体的な責任が生ずる。それが本来の「倫理」であり、またシュヴァイツァーは、そのように倫理的責任へと定位された人間存在の有り方を「倫理的神秘主義」と表現している。そのとき宗教的心情の鍵となるのは、救済されているという感覚である。

ただし、この世において生きている以上は、宗教的信仰者といえども、自分を含めた人々の権利を尊重し、邪魔立てしないという最低限の世界の論理に従ってもらわなければならない。ここで評価されるのが、加藤氏のいう「最小限の倫理」である。かくして宗教と倫理とは、それぞれ領分を分かち持ち、ときには交差しあうことになる。

人間がさまざまな思いや価値観をもって織りなすこの世界において、一方が満たされれば、他方は不満を抱くというジレンマは決して無くなることがない。この世の不条理の中から、ルサンチマンを持った人々が生じる。宗教のもう一つの根は、そこに深く関わっている。山折氏は怨霊信仰について述べられていたが、現代の怨霊信仰とは何であろうか。現代、一体何が祟っているのであり、またこれを鎮めてくれるものは一体、何であろうか。先述した『脳死・クローン・遺伝子治療』の中で、アメリカ流の人格（パーソン）論の人工妊娠中絶論議に対して、日本の水子供養のほうがまだしも中絶胎児の人間（人格）性を認める正しい感覚を持っていると、めずらしく加藤氏も説かれている。

山折氏は、祟るのは神・鎮めるのは仏であるとして、この不思議な神仏の役割分担について『神と仏』（講談社現代新書、一九八三年）の中で論じられている。平安・江戸の時代は、宗教と社会・政治との関係が良好であり、そこに平和がある。とすれば、宗教の側からすれば、一種の和解が生じていると言えるし、政治や社会の側からすれば、一種の寛容が生じていると言える。しかし不気味な少年犯罪が頻発する現在、「空間を埋めつくす無数の天神地祇」がまたうごめき始めているのではないだろうか。

両氏の人と学問

このあたりで「二十一世紀の宗教と哲学――未来へ向けての豊穣なる対話――」という公開対談のタイトルについて振り返ってみよう。そもそもお二人がここで立脚している立場は、宗教者なのか宗教学者なのか、はたまた実践的であるのか学問的なのか。哲学の場合は、「学」という文字がついているが、しかしそこにおいても語りの主体は哲学者なのか哲学教授なのか、という問題が残る。ヤスパースは、自らのことを謙遜と矜持《きょうじ》をこめて哲学教授と言ったそうだが、お二人の立場はどうなのだろう。

これは鎌田東二氏――同氏もまた実践的宗教論を展開されており、その意味で山折氏の弟子のようなところがある――が『翁童論』（新曜社、一九八八年）で使用している表現を借りれば、学問には「道としての学問」と「方法としての学問」とがあるという。すなわち、学問とは真理の探究であり、それ自体が求道の過程でもある「道としての学問」と、むしろ新しい知見を積み上げ、時代の情勢に応じるという目的を外に持った「方法としての学問」がある。しかし本来、両者は相互嵌入している。「道としての学問」であっても、真理探究のためには幅広いフィールドを精査して、時代の中での新しい知見を得ていくことが必要である。また「方法としての学問」であっても、方法だけでその対象の中身それ自体は時代が変わればそのつど打ち捨てられていくというのではなく、一定の真理としての理念や価値基準を前提とする。

山折氏は、道としての学問に比重を置きながら、醒めた視点で宗教を見つめ、方法としての学問を忘れてしまうことはない。また加藤氏は、その応用倫理学研究に代表されるように、方法としての学問を重視しながら、いずれは世界哲学史を書きたいという希望を表明されることで、「永遠の哲学」とも言うべきものを、もう一方の軸足に据えられているのである。

最後にお二人のことについて触れさせていただこう。山折氏は、旅する宗教学者として世界各地を巡礼・遍歴され、その飄々とした姿はあたかも現代の西行法師を連想させる。一方、自ら合理主義者と任じられる加藤氏はといえば、福沢諭吉のような啓蒙家を思わせるが、その温厚な風貌の中にも闘魂を秘めている。実際、加藤氏は、かつて全共闘の闘士でもあり、京大ではボクシング部の部長を務められている。

ただ山折氏が西行と違うのは、氏が世界各地を巡礼しながら、決してそのまま出奔してしまったり、はかなんで世を捨てたりはしないことである。また諭吉のようにあえて官につかず在野にとどまるという「やせ我慢」は、決して加藤氏のすることではない。そこに両氏の自由闊達な境地の一端を垣間見ることができる。

お二人の思索の共通点として、研究分野こそ違え、従来の学説や教科書的知識をラディカルに批判し、現場に密着しつつ新しい分野に積極的に発言されていることが挙げられる。両氏とも、学問的権威のオーラに包まれている「定説」をものとも思われない。一例をあげれば、山折氏は、日本の民俗学の父ともいえる柳田国男に対して、彼が仏教を排除してきたことに対して否を突きつけ、ご自身は民俗学・宗教学・仏教学の三者の総合をめざしてこられた。

加藤氏は、とくに日本で語られる近代思想史それ自体がドイツ製であることを見抜き、またデカルトの二元論が近代的思考の中心となってそれを克服することが近代の克服なのだという教科書的「構図」をきびしく批判されるのである。

お二人は、今回の「公開対談」に先立ってすでに一度対談を行っている。それは、『いのちの旅——山折哲雄対話集』（現代書館、一九九七年）において、「宗教と科学——臓器移植と地球環境問題——」として収録されている。そこでは、宗教と科学の関係、宗教の倫理性といったものに触れられていて、今回の「公開対談」の内容にもつながる話題が取り上げられている。

お二人の不得意分野は、私の見るところ、女性学あるいはジェンダー論の問題についてであろう。フェミニズム（女性解放思想）は二十世紀最後の知的革命だという意見も、女性学の研究者から出されているぐらいだが、今までこれについて、両氏とも言及がなかったように思われる。この対談でも、最後にインドの宗教における女性差別にわずかに触れられた程度であるが、今回この問題に対するコメントを「インタヴュー」の中でしていただいたので、参照されたい。

お二人とも、弟子に仕事をさせるのが巧みである。加藤氏は、情報倫理学ならアメリカへ、ドイツ観念論ならドイツへと、弟子たちをそれぞれ本場で研究させてくる。そしてその成果の一端は、氏の監訳書に現れている。山折氏は、六十歳を過ぎると、義理と人情で仕事を引き受けるということを言われる。しかし最近は、監修本・編集本で一章かそこらを担当するだけ、山折哲雄という名前にひかれて中を読まずに買ってしまうと、氏の出番がすこしだけなので失望を味わうこともある。本書の「所要著作データベース」においては、なるべくそうでない書物を中心に集めたつもりである。

山折氏も加藤氏もそれぞれ大学の要職につかれ、研究者だけでなく現実問題の実務者の養成にも力を入れておられるようだ。お二人とも現実の具体的な諸問題へと踏み込み、またそれに十分に対応できるタフな強さをお持ちである。今や単なる学者の立場という観覧席を降り、とは言っても単なる実践の現場に埋没することなく、その現場へと自由に積極的に関わっていこうとされているようだ。そのようなお二人に、今後ともおおいに期待したいと思う。

山折哲雄・加藤尚武両氏とも、旺盛な執筆活動をされている。この文献紹介では、両氏の著作について、私が読んで（ななめ読みも含めて）、それらの内容と読後感を簡略にまとめてみたものである。山折氏は一〇〇冊近く、加藤氏は五〇冊近くの著作類があるが、その中から主として①学問上の代表的著作、②一般向けに書かれた入手しやすい書物という二点に留意し、両氏の単著・共著・編著書・訳書・監修になるもので、とくに単行本に限って選書を行った。

1――山折哲雄

▼インド関係

山折氏の処女作は、『**アジアイデオロギーの発掘――ある宗教思想論の試み――**』（勁草書房、一九六八年）である。これは、アジア人の精神構造に深く影響を与えた宗教的思想家から、第一部では日本の思想家（蓮如、鈴木大拙、柳田国男）を、第二部ではインドの思想家（アショーカ王、ヴィヴェーカーナンダ、ガンディー）を取り上げたものである。ここからも、山折氏が当初から有していた幅広い関心範囲が分かる。その根の一つはインドの思想研究である。

訳書としては、K・M・カパディア『**インドの婚姻と家族**』（未來社、一九六九年）という五〇〇ページ余りの大著がある。著者のカパディアはボンベイ大学の社会学の教授。本書は、インドのヒンズーおよびイスラームにおける「婚姻と家族」の構造をめぐる翻訳である。第二章「四住期」などは、山折氏自身が後にその中の「林住期」という生き方に対して着目させるひとつの契機になったのではないかと思われる。山折氏は自らが「母系社会の弱い父」ではなく、「不消化な父権的伝統からくる歪《ゆが》んだ縺《もつ》れ」を持っているという「気弱な反省」から、古代インドの家族および社会構造への関心を抱き、その探究の過程で本書に出会ったという。巻末にインド社会学・人類学史に関する詳細な解説つき。

『ガンディーとネルー——その断食と入獄——』（評論社、一九七四年）は、インド独立に大きな貢献をなしたガンディーとネルーについて、ガンディーに関してはとくにその断食体験、ネルーに関してはとくにその入獄体験（ガンディーもこれを体験している）に焦点をあて、両者の比較人物伝を試みたものである。のちに山折氏がさらに追求していくことになる断食というテーマが、ここではっきりと打ち出されていると言えよう。

▼仏教

真宗僧侶の子として生まれた山折氏は、仏教を幅広い視点から見ている。仏教関係の著作では①仏教思想史、②仏教人物史、③仏教民俗学について、の三点とあえて分けてみた。しかしこれらは、いずれも内容的に連続したものであるし、また③の項目からも分かるとおり、仏教と民俗学とをそもそも分けるべきでないというのが山折氏のスタンスであることを忘れてはならない。

①仏教思想史

山折氏の初期の著作は、文献引用を多用した学術論文スタイルのものが多く、**『日本仏教思想論序説』**（三一書房、一九七三年／講談社学術文庫、一九八五年）もその一つ。「人と思想」、「神秘と禁欲」、「象徴」という各タイトルからなる三部構成の大著である。「人と思想」では空海と日蓮と一休を取り上げ、「神秘と禁欲」では東西の神秘主義の比較や宗教の身体（生体・死体）観、また禁欲の方法としての断食・焼身を論じ、「象徴」ではマンダラや血脈相承《けちみゃくそうじょう》や死の信仰、そして真宗の宗教史家の服部之総《しそう》について述べている。

また**『日本仏教思想の源流』**（講談社学術文庫、一九八七年）は、わが国の仏教思想の源流となる五人の思想家（空海、覚鑁《かくばん》、道元、日蓮、一休）の思想を、その精神世界の奥底まで立ち入って考察している。

『仏教とは何か——ブッダ誕生から現代宗教まで——』（中公新書、一九九三年）では、山折氏は、大切なのはタイトルにある「仏教とは何か」という問いではなく、「仏教をどう生きるか」という問いなのだと言う。しかし仏教の歴史は、ブッダ第一の弟子アーナンダがそもそも師の遺言を裏切って、葬式と遺骨崇拝に心をわずらわせるという道を歩んでしまい、それが今日の仏教にまで続いてしまっている。そして我々はアーナンダの徒としての自覚から、あらためて仏教を生きるとはどういうことかを問いなおさなくてはならないと主張する。仏教および仏教学の現状に対するプロテストの書である。

②仏教人物史

山折哲雄監修による**『最澄の世界』**、**『親鸞の世界』**、**『空海の世界』**、**『道元の世界』**、**『日蓮の世界』**が佼成出版社より一九九〇年から九一年にかけて刊行されている。日本仏教の祖師たちの生涯と思想をとらえる六巻本シリーズ。祖師たちの著作の中の名句・名文章を選び、分かりやすく解説したところに特色がある。

山折氏は、仏教僧侶としては、とくに蓮如に深い関心を抱いているようだ。その最初の著作としては、**『人間蓮如』**（春秋社、一九七〇年初版・一九七九年〔第2版〕）がある。カリスマ的戦略家・組織者でもあり、またきわめて人間くさい庶民的僧侶であった蓮如への思いが強くこめられた書物で、その強烈な思いが行間からほとばしってくるようである。

『蓮如――転換期の宗教者』（山折哲雄・大村英昭編、小学館、一九九七年）は、平成十年（一九九八年）に迎えた「蓮如上人五百回遠忌総合計画」（浄土真宗本願寺派）の研究部門による研究成果および公開シンポジウムを合わせて一冊にしたもの。このプロジェクトは、従来の〈親鸞から蓮如へ〉ではなく〈蓮如から親鸞へ〉という思考ベクトルでもって、また現在の浄土真宗のあり方や将来の本願寺を占うという意味をこめて、蓮如における人間と宗教の問題を論じたものである。山折氏は、「人と思想」の部分を執筆。また巻末のシンポジウム「蓮如の限界と可能性」にも参加されている（「親鸞と蓮如と」を発題）。

また**『蓮如と信長』**（PHP研究所、一九九七年）では、「鎌倉時代＝宗教改革」という定説に疑問を提起。わが国の宗教事情を徹底して世俗化の方向に定めたのは織田信長であり、彼の国家（王法）と宗教（仏法）との分離を見越したかのような神学をつくっていたのが、実は蓮如であったと指摘している。

③仏教民俗学

『地獄と浄土』〔新装版〕（春秋社、一九九三年／徳間文庫、一九九八年）では、わが国では、古い時代から心身を統御することによって、地獄や浄土（極楽）の体験を得ようとする数々の事例があった。これを源信の『往生要集』や平安貴族の地獄観などを例に取り、現代人を彼岸の世界に誘う。他に空也の遊行論や親鸞の罪意識についての考察を収録。初版は一九八二年に刊行された。

『日本人と浄土』（講談社学術文庫、一九九五年）では、平安時代以降の日本仏教には、（一）人間いかに生きるべきかを追求した密教と、（二）人間いかに死すべきかを追求した浄土教という二つの流れができた。仏像画や来迎図などの絵解きをしながら、山中浄土と海上浄土、鴨長明や親鸞の浄土観など、日本人の死生観の大きな要である浄土の思想へと読者を誘う。仏教がいかに日本人に会うかたちで取り入れられ、今日にいたる我々の心の深層へとつながるか、その出発点となる中世日本仏教事情を説き起こしている。

『仏教民俗学』（講談社学術文庫、一九九三年）は、仏教学と民俗学の際くずしの試みである。仏教的なものが日本の民俗世界にどのように溶け込んで今日まできているか、彼岸と常世、除夜と節分、極楽と浄土、先祖崇拝と供養など具体的なトピックを取り上げて両者の総合を行っていこうとする興味深い論集である。

▼民俗学

『日本人の霊魂観――鎮魂と禁欲の精神史――』（河出書房新社、一九七六年／九四年〔新装版〕）では、『日本霊異記』や『往生要集』や『紫式部日記』など、数多くの古代から中世にかけての文献を縦横無尽に論じて、日本人の霊魂観（むしろ霊魂感覚といったほうがよい）がどのように展開しているかを詳細に論じる。本書は、昭和五十年度の駒沢大学での講義ノートにもとづいており、十八年ぶりに新装初版が刊行されたほど、力のこもった著作。

『天皇の宗教的権威とは何か』（三一書房、一九七八年）は、人間であり、神主であり、生き神である天皇の宗教的な構造について、文化人類学や民俗学、宗教学などの方法を用いて真正面から取り組んだ書物。本書は、天皇論（第Ⅰ部）から出発して、アジア（この場合とくにインド）の人格神信仰や自己神化の論理（第Ⅱ部）、さらには霊威（カリスマ）とは何かという問題領域そのもの（第Ⅲ部）にまで踏み込んで論じた労作である。

『「坐」の文化論』（佼成出版社、一九八一年／講談社学術文庫、一九八四年）は、ヨーロッパの立像とアジアの坐像から説き起こした「坐る」文化の構造論。坐・文化の流れをインドから中国、日本にたどり、すぐれた仏教文化論・日本文化論となっている。「立」の姿勢は大地を対象化し、自然や人間へのまなざしを生み出すという視覚的な志向性をもつのに対して、「坐」の姿勢は大地のふところへと身体を包み込ませようという動きを含んでいるがゆえに、自然や人間を直覚するという触覚的な方向を導く機能を果たしているのではないかという指摘は、山折氏らしい意表をついた経験論的考察である。

『霊と肉』（東京大学出版会、一九七九年／講談社学術文庫、一九九八年）は、霊と肉のおりなすさまざまな相を、魔と仮面、往生死の思想、霊魂転生、あるいは祟りや穢れ、混沌・闇、神経、浄土、さらには地獄の諸相をギリシアやイスラム、ダンテやシェークスピアなどを例に解説していく。人間における心と体という対応関係も、もともと霊と肉という、よりいっそう原初的で粗野な関係によって規定されていた。山折氏の該博な知識の一端が分かる書物である。

『日本人の顔――図像から文化を読む――』（日本放送出版協会、一九八六年）では、土偶、埴輪、仏像、能面、歴史的人物の肖像画などから、その顔や表情の中にこめられた文化の型や時代の精神を読み取ろうとした著作。たとえば親鸞と道元の肖像画の比較で、他力と自力という機械的区別を越えて、中世的人間の生命の輪郭が読み取れると分析するところなど、従来の歴史記述や美術史的考察では解明できなかったものを、山折氏独自の視座から見抜いていくさまが、とても興味深い。

『死の民俗学――日本人の死生観と葬送儀礼――』（岩波書店、一九九〇年）で、山折氏は、遺体のどの側面を重視するかにより、その国の民族性が分かると指摘。霊魂的側面を重視するのはインド人（死体をガンジス河に流して顧みない）、肉体的側面を重視するのはアメリカ人（エンバーミング技術）、そして骨灰的側面を重視するのが日本人（遺骨に執着）である。しかし日本人の遺体観や死後の世界像にも、仏教による火葬導入などで、時代的な変遷が見られるという。死の民俗をめぐる興味深い諸考察。

『神と翁の民俗学』（講談社学術文庫、一九九一年）は、もともと『神から翁へ』というタイトルで一九八四年に青土社から出版されたもの。神が年老いた翁の姿としてイメージされるのに対して、仏は若々しい青年の姿で表現されるのはなぜか。それは、前者の場合、人間は人生の最後の段階ではじめて神と同化するという思想が前提されているからであり、また後者の場合、大乗仏典が「永遠の仏」という思想を説いているからである。山折氏は、この着想を古代から中世の日本にかけてのさまざまな文献に照らして、その具体相を解明していく。

山折氏の民俗学は、容易に宗教学にも越境していく。その宗教を「動詞の形で考える」三部作として、**『修行と解脱1. 拝む唱える舞う』『修行と解脱2. 坐る観る舞う』『修行と解脱3. 捨てる歩く伝える』**（いずれも山折哲雄・正木晃・永沢哲、佼成出版社、一九九二年）がある。正木晃、永沢哲の両氏は若手の実践的宗教研究者。それぞれのテーマをめぐっての座談会のあと、三人の執筆者が論説を展開し、古今東西の宗教の豊富な事例を紹介しながら各氏の見識を披露する。座談会のタイトルは第一部「祈りの言葉・祈りの形」、第二部「イメージと身体」、第三部「聖宇宙への旅」。最後の座談会では、山折氏の試算によると、釈迦は生涯で四五〇〜五〇〇キロ歩いたが、イエスはせいぜい一〇〇〜一五〇キロ、マホメットは二〇〇キロだという。巡り歩くことは巡礼であり遊行であり、また自らが説いた道を伝えることでもあった。この巡礼については、次のような幾つかの本がある。

『巡礼の構図——動く人びとのネットワーク』（山折哲雄他著、NTT出版、一九九一年）は、古今東西の巡礼に関する四つの対談・鼎談で構成された本。山折氏は、「まえがき」と第一章「旅と巡礼の原点を求めて」の鼎談（杉山二郎・大澤真幸）で登場。

また**『巡礼の思想』**（弘文堂、一九九五年）では、遊行・漂泊する人々に憧れつつ、国内は熊野や四国霊場から海外はルルドの泉やガンジス河やカッパドキアまで、世界中の聖地を旅して回った報告記。その念頭にあったのは、西行法師である。西行は、何者にもなるまいとする決意を持ち、家族を捨てて旅に出たが、じつは何者にもなるという意志を秘めていたという。本書のメインは、後半の「遍歴の人——西行」論にある。

さらに**『乞食の精神誌』**（弘文堂、一九九五年）は、近代において二極分解をとげた「乞食」の姿にせまっていく好著。かつて、禁欲の行としての乞食（こつじき）は、物乞い行としての乞食（こじき）と境界を接し、ときに融合することもあった。そこに宿っていたのは古代的な「ほかい（祝福するの意）びと」の祖景的な面影であった。

▼宗教学

『神と仏——日本人の宗教観』（講談社現代新書、一九八三年）は、神と仏をめぐる日本人のイメージを明瞭に語ってくれる。神と仏は、日本古来の宗教と大陸から伝えられた外来の宗教との関係であり、日本人は両者を融和的に補完させながら信仰してきた。たとえば不可視な神が可視的な仏の関係に触れて「神像」がつくられたり、祟る神の怨念を仏が鎮めたりすることなどがその重層的な信仰の現れである。

『日本宗教文化の構造と祖型——宗教史学序説——』（東京大学出版会、一九八〇年）は、神道と密教の構造的特質の解明をめざしたもの（一編）、源信・道元・一休について、それぞれの時代精神との関連で論じたもの（二編）、宗教的カリスマの身体コントロールとその宗教的精神について扱ったもの（三編）、そして日本人の宇宙感覚における山岳イメージに関する諸研究（三編）という大きく四つのテーマの論文群からなる学術的内容の研究書である。

『宗教民俗史——聖と俗のトポロジー』（人文書院、一九八四年）は宗教と民俗の中間領域を扱い、**『宗教思想史の試み』**（弘文堂、一九九〇年）は宗教史と思想史をまたぐ諸論文を収録した研究書である。これらを読むと、日本人の宗教観それ自体がさまざまな要素を重層的に折り込んでおり、もしかしたらそれが山折氏の著作にそのまま反映しているというようにも思えてくる。

『宗教のジャパノロジー——シンクレティズムの世界——』（山折哲雄・川村湊、作品社、一九八八年）は、まさに異質のものをたえず同質化する、そうした日本型シンクレティズム（重層信仰）が持つ意味あいについて語った書物である。

多様な様相を見せる日本の神とはどのようなものなのかを宗教学・民俗学・文化人類学などの視座から探る三部作として、山折氏は**『神の始原』**〈日本の神1〉（平凡社、一九九五年）、**『神の変容』**〈日本の神2〉（同、一九九五年）、**『神の顕現』**〈日本の神2〉（同、一九九六年）を責任編集している。『神の始原』では、山折氏は、ここでは「はじめに」、第一章「日本の神」を担当。日本人の信仰はカミ信仰とホトケ信仰のいちじるいシンクレティズムを示し、西欧流の宗教学の方法論では説き尽くせないものがあると指摘。日本の神が「場所」に坐し、身を隠したり、また遊幸性とともに無限分割可能性を含んでいるありさまを、豊富な事例で紹介。『神の変容』では、山折氏は、「はじめに」、第七章「女神の誕生」を担当。わが国の女神には、独尊型のアマテラス、配偶型のイザナミ、母子神型のタマヨリヒメがあり、それぞれに特色があると同時に他の神仏と習合して、シンクレティックな展開を見せていると主張する。『神の顕現』では、山折氏は「はじめに」のみを担当。老人の姿を取る神の像と、青年の姿を取っている仏の像との間に鬼の像があるのではないかとして、憤怒の表情と赤子の肌をした不動明王があると指摘。すでに『神と翁の民俗学』などで詳細に展開された説の要約となっている。本書ではむしろ、正木晃氏の詳細にわたる日本の神仏の図像の系譜論が目玉であると言えよう。

『世界宗教大事典』（山折哲雄監修、平凡社、一九九一年）は、総勢一二七〇人を越える執筆者による二二〇〇ページ近い宗教大事典。古今東西の宗教についてのさまざまな項目が網羅されており、宗教研究者にとっては座右に置くべき事典であろう。また本編の前に、概説・現代社会と宗教という論説が掲載されており、いわば読ませる宗教事典となっている。

『生と死のコスモグラフィー』（法蔵館、一九九三年）は、写真図版も豊富で、宗教学のみならず、仏教学・民俗学にまたがる山折氏の幅広い学識を伺わせる書物である。コスモグラフィーとは宗教的な宇宙図誌のこと。イコノロジー（図像解釈学）の技法で、チベットや日本のさまざまな仏教図像から、そこに心象イメージとして表現された思想を読み解いていく。

『**民俗宗教を学ぶ人のために**』（山折哲雄・川村邦光編、世界思想社、一九九九年）は、世界思想社の入門シリーズ「学ぶ人のために」の一冊。全一二章のうち、山折氏は第一章「縄文と弥生の心性を読み解くための方法序説」を執筆。宗教が考古学の唯物《ただもの》主義のために一種の決定論的な概念である「呪術」と「祭祀」に分離され、本来の豊かな意味あいが寸断されてしまっていることを、その観念創出を考古学の辞典などをたどりながら、きびしく批判。縄文人と弥生人の魂や精神を生き生きと蘇らせるためには、「祭祀遺跡」という言葉から解放されなければならないと主張する。

〈講座・文明と環境〉は、文部省重点領域研究「地球環境の変動と文明の盛衰」の研究成果を全部で一五巻にまとめたものだが、『**宗教と文明**』はその第一三巻（山折哲雄・中西進編、朝倉書店、一九九六年）。山折氏はここで総論一「宗教と文明」を執筆。

異色なものを一つ。これは単行本ではないが、『**別冊太陽七七・輪廻転生**』（構成＝山折哲雄・正木晃、平凡社、一九九二年）という大判のビジュアル雑誌がある。カラー図版で、エジプト、ギリシア、インド、チベット、中国、朝鮮、日本、オセアニア、キリスト教世界、イスラームなどの輪廻転生の図像を紹介する。山折氏は、本書で小川知子、河合隼雄、麻原彰晃との個人別に対談している。麻原彰晃とのやりとりでは、山折氏の挑発的な質問もあり、その後のオウム真理教事件を経験した我々としては、とても興味深いものがある。このように対談の名手ぶりをいかんなく発揮した書物は数多い。

『**思想としての死の準備——いのち・ホスピス・ことば——**』（吉本隆明・河合隼雄・押田成人、聞き手・山折哲雄、三輪書店、一九九三年）では、終末期医療、尊厳死、脳死・移植と、今日、死の問題と自覚的に向き合わざるをえないトピックが医療の世界に次々と起こりつつある。そうしたとき思想はどれだけのものを語りうるのかと詩人、心理学者、カトリック神父に、対談の名手が聴く。巻末に、平成三年の脳死臨調の中間報告より少数「意見書」を添付。

『**二十一世紀をめざす信仰**』（山折哲雄・村上和雄著、扶桑社、一九九一年）は、天理教東京教区創立八十周年記念シンポジウム（一九九〇年十一月）の公開講演録。村上和雄氏は筑波大学教授（当時）で、遺伝子生物学の第一人者であり、また天理教信者である。

『宗教の自殺』（山折哲雄・梅原猛、PHP研究所、一九九五年／文庫版**『宗教の自殺――さまよえる日本人の魂』**（祥伝社、一九九九年）は、麻原彰晃は宗教的に見て救われるのか。親鸞やドストエフスキーの思想にある「悪」の問題にからめて、悪人の救済について論じる。悪人でも、もちろん救われる。ただし、ただでは救われない。善き師につき、懺悔することがなければならない。人間とは、善悪を超えられない存在なのである。宗教と倫理のテーマについて宗教学と哲学の第一人者が語り合う興味深い対談集である。

『宗教の力――日本人の心はどこへ行くのか――』（PHP新書、一九九九年）は、山折氏がたえず語って倦まない生と死の問いを、講演記録にもとづいてまとめた一冊。山折宗教論・山折民俗論をコンパクトに知りたいという方には、本書が最適である。本書は、科学・技術や情報の勢威に押しまくられて迎えようとする二十一世紀を前に、日本人の心の奥底にある宗教的なものにあらためて気づかせ、そこで問われるのが生老病死という根本的な問いなのだということを知らせてくれる。

「あなたの宗教は何か」と問われて、多くの日本人が自らを無神論者だと称するのはなぜか。山折氏によれば、それはたんなる宗教的無関心をいっているにすぎない。しかもそれはどこか偽装された心情吐露である。そうした問いの中には、ヨーロッパ近代の市民倫理で培われた宗教理念が反映しているのだ。本来、日本人の宗教性は、そのような問いにストレートに答えることができない微妙な文化的・民俗的陰影をもっている。近代の文学作品や思想研究を例にあげながら、そうした宗教性を解読していくのが**『近代日本人の宗教意識』**（岩波書店、一九九六年）である。

『宗教の行方』（現代書館、一九九六年）は、外国人の日本理解について、蓮如や出口王仁三郎の人物論、涙の文化や気の交響楽、そして仏教論と、氏の幅広い関心領域をカバーしている。講演を起こしたものなので、読んでいると氏から語りかけられるような気がする。このような講演録は、対談ものと同様に山折氏の書物にはたくさん見られる。

『日本人の宗教感覚』（日本放送出版協会・NHKライブラリー文庫、一九九七年）は、前年の四月～六月に放送されたＮＨＫ『人間大学』の同題のテキストを元にしている。山折宗教学・民俗学のエッセンスを本書で読むことができる。

山折氏独特の学風の秘密の一端は、その体験主義にある。宗教学の分野において、それは**『神秘体験』**（講談社現代新書、一九八九年）などに明瞭に現れている。本書は、世界各地の神秘主義の諸潮流を説き起こし、その構造に迫っていこうとする。チベットのラサを訪れた山折氏が体験した神秘体験、それは高地の風土と空気の薄さが心の深部をいっそう露わにするものではないか。チベット・マンダラの世界の秘密もそこにあるという。

▼現代

『成熟の視点　生老病死』（佼成出版社、一九八九年初版、一九九九年増補改訂版）は、あらためて人間存在の黄金律である生老病死の思想を、仏教や民俗のさまざまな局面から炙《あぶ》り出そうとする。近代医学は、人間につきまとう生老病死を洗浄し、無臭化してしまった。また老病を抜かして、単なる生死の二元論となってしまっている。これこそ「生き急ぎ・死に急ぎ」の思想と言わずして何と言おう。

老いが宿している成熟と死について強調しているのは、**『臨死の思想――老いと死のかなた――』**（人文書院、一九九一年）である。伝統文化の中で現れるオキナの表情にも、両者の織りなす不思議な静謐《せいひつ》さが感じられる。その他、標題の示すテーマをめぐり、キリスト教や浄土思想、あるいは日本人の死生観について数々の実例をあげながら、現代人に臨死の思想を語りかけてやまない。そもそも二十代のとき十二指腸と胃の三分の二を切除して以来、幾度となく大病にかかり、入退院を繰り返し、臨死体験すらされた山折氏にとって、宗教や民俗における死の想念は文字通り身近なテーマなのである。

『日本とは何かということ――宗教・歴史・文明――』（司馬遼太郎との対談録）、日本放送出版協会、一九九七年）は、ＮＨＫのテレビ対談（一九九五年七月放送）を元にした書物。付録に米山俊直、松原正毅、そして山折氏自身の司馬遼太郎論がある。日本には、伝統的に「絶対」というこの世を超えた架空の一点に拠り所を置いて行動するという姿勢がないので、つい国際政治の場面でも一歩腰のひけた行動をとってしまいやすいという指摘で、両氏とも一致しているところなど興味深い。

文学といえば、実家が賢治の近所だったという山折氏にとって、彼の童話世界はそれが生まれた風光の中で実感的に感じ取られるものである。**『賢治の風光』**（佼成出版社、一九八五年）では、山折氏の賢治論は三〇ページだけだが、賢治の「グスコーブドリの伝説」「ポラーノの広場」「種山ケ原」という童話三篇が収録されている。池田一憲氏のカラー挿絵つき。

山折氏は、民俗学者であると同時に作家・詩人でもあった折口信夫に深い共感を寄せている。**『物語の始原へ――折口信夫の方法』**（小学館、一九九七年）は、そうした折口民俗学の世界を解析した著作。柳田国男を終生、師として尊敬しつつも、折口は師とは異なり、血縁や里の世界から遠ざかると同時に、人間社会における反道徳や悪に対するフロイト的関心をつのらせていった。柳田が童児に関心を深めていたのに対し、折口が翁に注目していたのも対照的である。山折氏は、そのような折口の思想世界に足を踏み入れながら、歴史学や文化人類学の前に膝を屈していく現代の民俗学に対し、民衆学としての本来の姿を回復せよと警告を発してやまない。

『こころの旅』（現代書館、一九九七年）、**『いのちの旅』**（現代書館、一九九七年）、**『いのりの旅』**（現代書館、一九九九年）は、いずれも副題が「山折哲雄対話集」となっており、山折氏の対談を三巻本にまとめたもの。たとえば『いのちの旅』は、「いのち」をメインテーマにして、一一名の論客と対談。第一部は宗教と生死、第二部は天皇論、第三部は現代における宗教論が各テーマである。第一部では「宗教と科学――臓器移植と地球環境問題――」というタイトルで、加藤尚武氏との対談も収録されている。

また最新の対話集としては、免疫学者の多田富雄氏との対談をまとめた**『人間の行方――二十世紀の一生、二十一世紀の一生――』**（文春ネスコ、二〇〇〇年）がある。人間の存在やその生死はDNAごときに決定されてたまるものかという、宗教学者の気概がひしひしと伝わってくるのが分かる本である。元になっているのは、一九九九年二月から十月にかけて行われた四回の対談であり、本書と合わせて読むとおもしろいかもしれない。

2――加藤尚武

▼ヘーゲル研究

加藤氏の著作活動は、当然専門とするドイツ観念論の哲学者ヘーゲルの研究から始まる。『**ヘーゲル哲学の形成と原理**』（未來社、一九八〇年）はヘーゲルがその青年期にいかに哲学探究に取り組み、それを後年の著作にいかに展開させていったか、弁証法や疎外論や真理概念などに即して原典著作を徹底して探究した労作。

また『**哲学の使命――ヘーゲル哲学の精神と世界――**』（未來社、一九九二年）は、ヘーゲルの「歴史」や「法」の哲学をいかに現代において読み解いたらよいか、詳細に探究した著作である。加藤氏ならではの、愛しあう男女のレトリカルな対話編（男性はヘーゲルだとする）が、ヘーゲル哲学のイメージ化を試みる。本書は和辻哲郎文化賞（一九九四年）の受賞作となった。

『**ヘーゲルの「法」哲学**〔増補新版〕』（青土社、一九九九年）は、ヘーゲルの「法」哲学の著作をコンピュータを用いて可能なかぎり正確に解析し、そして誰にでも分かるように解説することをめざしている。本書は、ヘーゲルの繰り出すさまざまな概念を生き生きとしたイメージに置き換えて語ろうとする（章の冒頭に男女の対話編がついている）ところにある。哲学の使命は観念を明るくするところにあると考える加藤氏ならではのヘーゲル読解書である。

こうしたところからも分かるように、専門的著作であっても、たんに研究者向けだけでなく、読者の射程を広く取っていこうとするところが加藤氏の特徴である。

なお、新しいテキスト校訂作業に基づくヘーゲル研究の最前線を呈示した著作としては、『**ヘーゲル哲学への新視角**』（創文社、一九九九年）がある。公開対談で示されている加藤氏の自信の源はこうしたところにある。加藤氏は「編者まえがき」、五「ヘーゲル論理学の形成と変容」を執筆。本書は加藤氏の還暦記念論集として編まれた。

編著書としては、『**ヘーゲル読本**』（法政大学出版局、一九八七年）という論集の場合、既成の枠にとらわれることなく、ヘーゲルという思想史上の最大の巨人について、その人間、言葉、時代をだれにでも理解できる言葉を願って企画された（「あとがき」による）。冒頭の加藤氏・西部邁氏の対談「人間と国家と歴史」では、ヘーゲルを軸に現代を思想的に読み解く試みがなされている。

また**『ヘーゲル「精神現象学」入門』**（有斐閣、一九八三年）は、『精神現象学』をそれ以降のヘーゲルの思想との体系的連関からではなく、あくまで『精神現象学』それ自体から解釈し、またその研究が他の研究領域にも開かれたものであることを心掛けた著作。じっさい訳文にかなり工夫がこらされており、入門書としてはお勧めの本である。

『ヘーゲル事典』（弘文堂、一九九二年）は、わが国におけるヘーゲル研究の水準を示す総ページ数七三一ページの詳細な事典。ヘーゲルに関して、その論著がどこまで彼の手になるものなのかどうか、またそれがいつ執筆されたのか、また厳密なテキスト批判がなされているか、その他、講義録や書簡集や言行録や原資料の編纂、詳細年譜、影響作用の歴史、研究書誌にわたり、詳細なデータを収集して編集された。序文冒頭で加藤氏は、西欧思想家について日本人独自の評価で世界に通用するものを出したいという思いがあったことを述べている。なお加藤氏によるヘーゲルの訳書としては、**『自然哲学』**上・下巻（岩波書店、一九九八―九九年）などがある。

▼一般哲学史

『二十世紀の思想――マルクスからデリダへ――』（PHP新書、一九九八年）は、二十世紀の哲学を形成してきた主な哲学者たちに対する辛口論評。二十世紀の前半は戦争の時代、後半は科学の時代と言うことができる。十九世紀に何もかもを理性でもって処理しようとしてきた哲学が難破し、思想と呼ばれるものは今や自然科学や社会学や文化人類学にまで及んでいる。二十一世紀の哲学の課題とは、自然科学と人文・社会科学との間の亀裂を橋渡しし、また古今東西の哲学相互の領域をまたいでいこうとするものでなければならないと、加藤氏は壮大な夢を披瀝している。

編著書としては、まず加藤氏の専門に直接関わる**『講座・ドイツ観念論』**第一巻――第六巻（廣松渉・坂部恵・加藤尚武編）（弘文堂、一九九〇年）が挙げられなければならない。この叢書において、とくに加藤氏が自ら執筆しているのは、第五巻の「生という存在の原型」、第六巻の「総説・ドイツ観念論の文化的背景」および「論理思想の歴史」である。

また『**命題コレクション哲学**』（坂部恵・加藤尚武編）（筑摩書房、一九九〇年）は、古代ギリシア哲学から二十世紀の科学哲学や社会哲学にいたる五一人の哲学者の五一の主要命題を取り上げ、それぞれに当該分野の研究者が解説をつけていったもの。

一般向けのユニークな哲学入門書としては、『**ジョーク哲学史**』（河出書房新社、一九八三年／河出文庫版、一九八八年）とその姉妹編『**ジョークの哲学**』（講談社現代新書、一九八七年）がある。自ら言葉の主人となって、言葉を自由に語らせ、精神を解放する。これがジョークの効用である。この二冊は、ジョークの作り方百科としても読める。読者は、ここから加藤氏の絶妙な語り口や自在な比喩表現の秘密の一端をかいま見ることができるだろう。

訳書としては次のようなものがある。Q・スキナー『**グランドセオリーの復権――現代の人間科学――**』（加藤尚武他訳、産業図書、一九八八年）が取り上げるのは、ガーダマー、デリダ、フーコー、クーン、ロールズ、ハーバーマス、アルチュセール、レヴィ＝ストロース、そしてアナール派の歴史家たちである。今日、世界をリードするような思想界の巨人はいなくなり、哲学者はなべて小粒化してしまったといわれて久しい。しかし今世紀後半は実は大きな時代の転換期であって、その動向を決定づけたグランドセオリー（大理論）が存在する。ここで登場するのは、こうした思想家である。彼らに共通する立場は「自我性の解体」であるが、それは意外と常識を逸脱するようなものではないという。本書は、加藤氏自身による二十世紀の思想界の在庫整理である『二十世紀の思想』のひとつの下敷きとなっている。

J・L・マッキー『**倫理学――道徳を創造する――**』（加藤尚武監訳、哲書房、一九九〇年）は、加藤氏の解説によれば、二十世紀初頭から現在までの英米の哲学倫理学の問題を集約するものがマッキーの倫理学で、これ一冊で、八〇年間の英米での倫理学の問題および、その現在の解答が分かるという。倫理学が市民生活の一部であり、それを理解するには常識さえあればよいとする加藤氏の根本信念を、本書はいかんなく発揮している。価値の主観性、「よい」の意味、道徳判断の普遍化可能性、道徳の目的、功利主義、実用的道徳、決定論の諸相、宗教や法や政治との関係など、たしかに倫理学の主要課目を網羅しており、大学の倫理学の授業用にも十分適している。

そのほかリュディガー・ブプナー**『弁証法と科学』**（加藤尚武・伊坂青司・竹田純郎訳、未來社、一九八三年）、同じ著者による**『現代哲学の戦略』**（加藤尚武・竹田純郎訳、勁草書房、一九八六年）などがある。ブプナー氏はテュービンゲン大学教授。これらの訳書では、科学論や弁証法、また解釈学にもじゅうぶん目を行き届いた視点で、現代哲学の見取り図が論じられている。

▼応用倫理学関係

現代哲学に関心をよせる加藤氏は、当然、英語圏を中心に二十世紀も終わりになって隆盛になってきた一連の応用倫理学の研究動向をいちはやくキャッチし、その紹介と独自の消化による展開を示されてきた。その出発点となるのは生命倫理学の分野である。

①生命倫理学

『バイオエシックスとは何か』（未來社、一九八六年）。人類史上まったく新しい倫理問題として登場したのが、バイオエシックス（生命倫理学）である。従来の倫理学や法学思想の枠組みでは解決不可能な課題を、これは自らに課している。本書は、加藤氏による初めてのバイオエシックス論であるが、すでにここには功利主義の倫理性への問い、世代間倫理の発想、戦争と倫理など、現在につながる加藤氏の研究関心の領域がことごとく登場している。巻末に中川米造（環境医学・医学史）との対話「テクノロジーとしての医療」を掲載。

『脳死・クローン・遺伝子治療――バイオエシックスの練習問題――』（PHP新書、一九九九年）は、先端医療技術の進展により突きつけられた人間の生死への対応をめぐる諸問題を、生命倫理学（バイオエシックス）の練習問題として平明に解明しようとする。この困難な生死の問題を解きほぐす過程で、法律と感情問題、法的不正と倫理的不正を、それぞれ区別していき、そのうえで問題を「当面の解答としてもっとも妥当な判断をつねに再編纂する作業」を一つ一つ解決していかなければならないと結ぶ。方法論としての学問である応用倫理学の具体的展開状況をよく物語る。

編著書としては、**『生命倫理学を学ぶ人のために』**（加藤尚武・加茂直樹編）（世界思想社、一九九八年）は、生命倫理学に関する初学者のためのガイドブックとして編まれた論集。総勢二九名が執筆している。加藤氏は、巻頭論文「現代生命倫理学の考え方」を担当。バイオエシックスの原則は、自由主義の原則を医療倫理に適用した判断枠であるとして、加藤氏は、（一）成人で判断能力のある者は、（二）身体と生命の質を含む「自己のもの」について、（三）他人に危害を加えない限り、（四）たとえ当人にとって理性的にみて不合理な結果になろうとも、（五）自己決定の権利をもち、自己決定に必要な情報の告知を受ける権利があると、五点にわたってまとめている。加藤氏のバイオエシックス観が端的にうかがわれる要約である。

訳書としては、まずH・T・エンゲルハート、H・ヨナスほか著**『バイオエシックスの基礎――欧米の「生命倫理」論――』**（加藤尚武・飯田亘之編、東海大学出版会、一九八八年）が挙げられよう。本書は、日本人研究者に紹介するために、欧米（特にアメリカ）におけるバイオエシックス（生命倫理学）の基本となる二三編の論文集を採録したリーディングス（精選論文集）である。テーマは、人格と生命、人工妊娠中絶、安楽死、治療と実験、死の定義、医療における配分の倫理と多岐にわたっている。この分野を志す人にとっての必読の書。

またH・T・エンゲルハート**『バイオエシックスの基礎づけ』**（加藤尚武・飯田亘之監訳、朝日出版社、一九八九年）は、エンゲルハートの主著の翻訳で六〇〇ページ近い大著。加藤氏によればリバータリアニズム（完全自由主義）に近い立場をとっており、またカントやヘーゲルについての学識は第一級のものを持っているという。本書は、多元的コンテキストの中での中立的な枠組みを提供する非宗教的バイオエシックスの代表的著作の一つ。基礎論・原理論から人工妊娠中絶、安楽死、医療への権利など当該分野のさまざまな領域について詳細に論じており、この分野の研究者の必読書である。

②環境倫理学

『環境倫理学のすすめ』（丸善ライブラリー、一九九一年）。環境倫理学関係の論著は、本書刊行時で三万ページを越えるとされている。しかしその基本的主張は、自然の生存権の問題、世代間倫理の問題、地球全体主義の三点に絞られるという。自然破壊の背景にある根本精神を克服することで環境問題を解決しようという「通俗観念論」の精神主義を徹底的に批判し、きわめて現実主義的な局面から、権利論や政策論、生態学や経済学の知見を駆使しつつ環境問題に取り組む倫理を分かりやすく紹介する。

なお本書で言う世代間倫理とは、「現在の世代には未来世代への責任がある」という責任の倫理である。その代表的思想家であるユダヤ系ドイツ人の哲学者ハンス・ヨナスの主著が、加藤氏の監訳によって本邦でも刊行されたのは、誠に喜ばしいことである。**『責任という原理——科学技術文明のための倫理学の試み——』**（加藤尚武監訳、東信堂、二〇〇〇年）がそれである。ヨナスは、子どもを持つことのうちに、あらゆる責任の原点があると言う。グローバルな環境危機（その影響は確実に子孫に及んでいく）の時代にあって、人類は今や、「親」であることの自覚をつうじて、自ら真の責任主体であることにもっと真剣に気づくべきである。本書は、そうしたヨナスの思想を体系的に展開した警世の書である。

『環境と倫理——自然と人間の共生を求めて』（有斐閣、一九九八年）は編著書であるが、環境倫理学に関する教養講義・演習用テキストとして編まれた入門書。各章ごとにサマリーやキーワードや参考文献の他、演習問題までついていて受験参考書のような体裁になっている。加藤氏は総論編である第一章「環境問題を倫理学で解決できるだろうか」およびコラム「熊沢蕃山と安藤昌益」を執筆。

③その他の応用倫理学・現代の諸問題を扱う哲学

『二十一世紀のエチカ——応用倫理学のすすめ』（未來社、一九九三年）は、「倫理学とは可能性の中の選択の幅を決めるシステムである」という基本理念のもと、生命倫理学と環境倫理学の諸問題を概説。アメリカの生命倫理学は、法や道徳の制度がどのような隠れた構造から出来上がっているのかを調べるのに最適だが、しかしアメリカにおける文化の内部崩壊まで真似してはいけない。また、文化の恩はしだい送りという意味で、精神文化も技術文化において次世代に安全な技術を渡さなければならない。このような発言の中に、加藤氏の文化意識がさりげなく読み取れる。

『応用倫理学のすすめ』（丸善ライブラリー、一九九四年）で取り上げられているテーマは、たとえば個人の自律の倫理学では、ヘアヌードと他者危害の原則、留学生殺害事件の無罪判決、エイズ患者のプライバシーなど、きわめて具体的実践の現場の問題が「他者に迷惑をかけない限り何をしてもいい権利」との関わりについてじっさいどうなのかを扱っている。応用倫理学とは、何らかの具体的問題の取り組みについて、それをどのような（倫理学的）原理の応用であると見なせばよいのかを研究する領域であり、あらかじめ分かっている原理を適用するものではない。応用倫理学をなんとか大学の授業の水準で全国的に展開したいという熱い思いが、本書から伝わってくる。

その続編が**『現代を読み解く倫理学――応用倫理学のすすめⅡ――』**（丸善ライブラリー、一九九六年）である。本書が取り上げるのは、いじめやワイセツ基準の問題のほか、独立した章として宗教の倫理学、災害の倫理学、環境の倫理学、未来の倫理学のテーマが挙げられている。宗教に関して言えば、加藤氏は、各宗教が自由主義の原則を保持しつつ、内面的な自覚の次元に進むことにより、異なる宗教同士が同一社会の中で共存できると主張している。

『現代世界と倫理』（加藤尚武・松山寿一編）（晃洋書房、一九九六年）は、応用倫理学の各分野における「ハンドブック」をめざした論集。加藤氏は、「政治と倫理」「宗教と倫理」を担当。前者では、契約というフィクションや多数決制度の陥穽などを扱い、後者では倫理を超える宗教の局面（したがってときには倫理に反する宗教局面もあり）や自由社会における法と宗教との関係について論じる。とくに後者の宗教倫理論は、世俗倫理学に徹して見た氏の宗教観の一端を示して興味深い。

『技術と人間の倫理』（日本放送出版協会・NHKライブラリー二三、一九九六年）は、科学技術と倫理学のテーマについて集中的に扱った書物。一九九三年十月～十二月のNHK『人間大学』で放送された「ヒトと技術の倫理」が元になっている。科学技術の単純な肯定論・否定論を徹底的に批判し、技術開発という形で可能な行為の幅を拡張しながら、その中の最善なものを選択していくべきだという持論を展開する。ハイデガーやシューマッハーの技術批判の思想を例によってこきおろすさまは、加藤氏らしいアイロニカルな姿勢だが、ひろく行き渡っている通説の徹底批判だけにとても小気味よい。

『二十一世紀への知的戦略――情報・技術・生命と倫理』（筑摩書房、一九八七年）は、哲学アカデミズムで今なお隆盛なポスト近代の言説を徹底的に批判し、きたる来世紀に真に有効な知の戦略はどうあるべきか、情報や科学・技術、生命倫理学の諸分野において哲学的かつ臨床的な考察を縦横に駆使した著作。哲学知に固有な題材こそ比喩（メタファー）でしか語れないと指摘されている。加藤氏の諸著作に生き生きと現れている文体の秘密も、実はまさにその比喩の豊かで巧みな使用にある。

科学技術と倫理学との関連を扱ったものとしては、他に〈叢書・転換期のフィロソフィー〉第三巻**『科学技術のゆくえ』**（加藤尚武・松山壽一編）（ミネルヴァ書房、一九九九年）がある。本書では、加藤氏は冒頭の「科学・技術・未来――解説をかねて」と最後の「科学技術と倫理」の章を執筆している。

『現代倫理学入門』（講談社学術文庫、一九九七年）の元になっているのは、放送大学の教材『倫理学の基礎』である。加藤氏は、現代倫理学の原理的問題と応用倫理学的テーマをラジオの視聴者に耳で聴いて分かりやすく書こうと心掛けられた。臓器移植を題材にしたサバイバル・ロッタリー（生存のくじ引き）という不思議なユートピア世界の「倫理性」を問題にすることで、個人の権利と最大多数の最大幸福の原理との相剋を明らかにするなど、かなり突っ込んだ議論も展開しており、「入門書」としてはきわめて読みごたえのある本である。

『世紀末の思想』（ＰＨＰ研究所、一九九〇年）は、たとえば民主主義の落とし穴、生命尊重主義の矛盾、平和主義の非現実感覚、教養のまゆつば性など、当今誰も疑わないような発想にひそむ倫理的な「あやうさ」を鋭く突き、世紀末を迎えた今日にもっとも求められる価値観はどういうものなのかを探ろうとする著作。そして加藤氏がかいま見せてくれる価値観は、自己充足という考え方であり、この指摘は含蓄に満ちている。

その姉妹編ともいうべき**『進歩の思想・成熟の思想――二十一世紀前夜の哲学とは――』**（ＰＨＰ研究所、一九九三年、文庫版**『進歩の思想・成熟の思想――二十一**

世紀を生きるために』、講談社学術文庫、一九九七年）では、科学との飽くなき対話を続け、また技術をいかに善玉として使っていくかを探究することが、これからの倫理学に課せられた課題であると主張。そのひとつの教育的戦略として、理系と文系との間に情報系を作ることを提案する。「哲学とは情報の尺度の学である」と考える加藤氏が、生命倫理学や環境倫理学のような現代の最前線の諸問題に貪欲に取り組んでいこうとするのは、けだしうなずけられよう。本書に収められた丸山真男と東京裁判の批判は、「進歩と成熟」を日本現代史理解のテーマとして扱ったもの。

『倫理学で歴史を読む――二十一世紀が人類に問いかけるもの――』（清流出版、一九九六年）は、倫理学的歴史哲学の試みの書。未来が混沌として見えない時代、歴史哲学は進歩史観を放棄せざるをえず、有限性の条件の中で配分の問題を考え、共存に耐える文化をつくっていかなければならい。未来予測としては、情報と生命に技術の中心がシフトしていくだろうと考える。その方向性は、加藤氏自身の探究の姿勢そのものでもある。

なお山折氏が老年の問題をよく取り上げるのに対して、加藤氏には子どもについての編著書がある。**『子ども』**（加藤尚武他著）（岩波書店、一九九一年（現代哲学の冒険2）は、子どもをめぐる哲学的諸考察について編まれたアンソロジー。加藤氏は「「子ども」の存在論」を執筆。子供時代において、じつは人間としてのあらゆる経験の原型が存在に刻み込まれるがゆえに、「子ども」の存在論を探究することは、「人間性とは何か」という問いに答えることなのである。

■執筆者略歴

山折哲雄（やまおり　てつお）

1931年　サンフランシスコ生まれ

1959年　東北大学大学院文学研究科博士課程単位取得退学

出版社勤務，駒澤大学助教授・東北大学助教授・国際日本文化研究センター教授・白鳳女子短期大学学長を経て

現　在　京都造形芸術大学大学院長

（著作については本文「主要著作データベース」参照）

加藤尚武（かとう　ひさたけ）

1937年　東京都生まれ

1966年　東京大学大学院文学研究科博士課程単位取得退学

東北大学助教授・千葉大学教授を経て

現　在　京都大学文学部教授（2001年度より鳥取環境大学学長）

（著作については本文「主要著作データベース」参照）

金子　昭（かねこ　あきら）

1961年奈良県生まれ。慶應義塾大学大学院文学研究科博士課程修了。哲学博士。現在，天理大学教養部助教授。**【主要著作】**『シュヴァイツァーその倫理的神秘主義の構造と展開』（白馬社，1995年），『天理人間学総説』（白馬社，1999年），ジェームズ・スワン著『自然のおしえ自然の癒し』（共訳：日本教文社，1995年）ほか

世紀を見抜く――未来へ向けての豊穣なる対話――

2000年12月25日　初版第1刷発行

著　者　山折哲雄・加藤尚武

構　成　金子　昭

発行者　白石徳浩

発行所　萌《きざす》書房

〒630-8303　奈良市南紀寺町2-161-9-205

TEL&FAX（0742）23-8865

振替　00940-7-53629

印刷・製本　亜細亜印刷

©T.YAMAORI, H.KATO, A.KANEKO, 2000　Printed in Japan

ISBN 4-9900708-0-1